华夏文库·佛教书系

中土佛音

汉传佛教经典的翻译与传播

陈帅 著

大地传媒　中州古籍出版社

《华夏文库》发凡

  毫无疑问，每一个时代都有属于自己时代的精神追求、文化叩问与出版理想。我们不禁要问，在21世纪初叶，在全球文明交融的今天，在信息文明的发轫初期，作为一个中国出版人，我们正在或者将要追求什么？我们能够成就或奉献什么？我们以何种方式参与全球化时代的文化传播进程？在一连串的追问下，于是，有了这套《华夏文库》的出版。

  自信才能交融。世界各大文明在坚守自身文化个性的同时，不约而同地加快了探视其他文化精神内涵的步伐，世界不同文明正在朝着了解、交流、碰撞、借鉴与融合的方向前进。在此背景下，建立自身的文化自信，正是与世界各文明民族进行文化交流的基本要求。五千年中华文明与文化正在不断地被其他文明所发现、所挖掘、所认知，汉语言正在生长为世界语言，儒文化正在世界各地生根发芽。

  借助这样一种正在成长着的文化自信、自觉、开放、亲和之力，用我们这个时代的学术眼光全面系统梳理中华五千年的文明与文化，向其他各大文明与文化圈正面展示自我，让中华优秀文化成为世界文化的重要组成部分，正是我们出版这套文库的目的之一。此其一。

  知己才能知彼。身处五千年文化浸润的今天，重新思考我们先人的人生思考、价值思考与哲学思考，找到一个民族、一个国家的价值所在、立命所在、安身所在，这已经是我们这个时代的学人与出版人不得不再思考的问题。作为中华文明的一分子，我们在思考的同时，还必须了解我们的先人创造了如何优秀的精神文明与物质文明以及社会文明。只有熟知自己的文化、热爱自己的文化、悟明自己的文化，我们才能宣说自己、弘扬自己、光大自己。因此，我们策划组织这套《华夏文库》的初衷，还在于让当下的知识青年全面系统瞭望中华文明与文化的全景，并借此能够对更为深广的世界各民族文化提供一个比较认知的基础。此其二。

顺势才能有为。我们正处在农耕文明、工业文明、信息文明的交汇处，信息文明带领我们从读纸时代进入读屏时代，以智能手机屏幕为代表的书籍呈现方式正在与纸质书籍争夺阅读时间与空间。我们正在领悟数字技术，正在以信息文明的视角，去整理、分析和研究农耕文明与工业文明的文化遗产，不仅仅是为了唤醒优秀的传统文化，我们还在生发和原创着当今时代的文化。由此，我们试图架起一座桥梁——由纸质呈现而数字呈现，由数字呈现而纸质呈现，以多媒介的书籍呈现方式，将文字、图像、声音与视频四者结合，共同筑成《华夏文库》以奉献给信息文明时代的新读者。此其三。

总之，这是一套——专家大家名家写小书；以最小的阅读单元，原创撰写中华精神文化、物质文化与社会文明系列主题与专题；以图文、音视频多媒介呈现的方式，全面介绍与传播中华文明与优秀文化，系统普及与推介中华文明与文化知识；主旨是为了让世界与中国共同了解中国的——大型丛书，借此，复兴文化，唤起精神，融入世界。

耿相新
2013 年 6 月 27 日

目 录

引言

一 印度的佛典

1　初次结集 ……………………………… 4

2　第二次结集 …………………………… 11

3　第三次结集 …………………………… 14

4　第四次结集 …………………………… 16

5　早期、部派时期的佛教经典 ………… 18

6　大乘至密教时期的佛教经典 ………… 22

二 佛教经典的类别与体例

1　"三藏"——经、律、论 …………… 29

  2 十二分教 ················· 33

三 汉传佛教的译经事业

  1 汉朝、三国时期 ············· 37

  2 两晋南北朝时期 ············· 49

  3 隋唐时期 ················· 72

  4 宋元明清及民国时期 ··········· 90

四 佛教经典的传播

  1 上层社会与佛教经典的传播 ········ 99

  2 佛教经典的民间传播活动 ········· 106

五 佛典的刻印、流传与《大藏经》的编集

  1 佛典的刻印、流传 ············ 115

  2 《大藏经》的编集 ············ 120

小知识目录

《佛遗教经》 ················· 9

初转法轮 ··················· 9

十大弟子 ··················· 9

阿阇世王 ··················· 10

"大天五事" ················· 13

巴利语 ···················· 21

大乘 ····················· 27

纯密与杂密 ················· 27

戒律 ····················· 32

"四藏"、"五藏" ·············· 32

佛教传入中国的具体时间 ········· 46

《四十二章经》 ··············· 46

《高僧传》 ·················· 46

"护国三经" ················· 47

般舟三昧 ··················· 47

最早的汉语梵呗 ··············· 48

聂承远、聂道真父子 ············ 67

《老子化胡经》 …… 67

佛图澄 …… 67

习凿齿 …… 68

六家七宗 …… 69

吠陀 …… 69

"什门四哲" …… 69

法显求法路线 …… 70

"四卷《楞伽》" …… 71

《大乘起信论》 …… 71

震旦 …… 86

从《大慈恩寺三藏法师传》到《西游记》的演变过程 …… 86

窥基 …… 87

道宣 …… 88

《南海寄归传》 …… 88

一行 …… 89

唐密 …… 89

究竟谁是法贤 …… 96

八思巴 …… 96

明代四大高僧 …… 96

民国四大高僧 …… 97

欧阳竟无 …… 97

黄老之说 …… 104

《世说新语》 …… 104

"师说" ……………………………………………… 104

韩愈 ……………………………………………… 112

敦煌的讲经文、变文 …………………………… 112

食菜侍魔教 ……………………………………… 113

敦煌莫高窟 ……………………………………… 118

雕版印刷术 ……………………………………… 118

活字印刷术 ……………………………………… 119

《圆觉藏》与《资福藏》之关系 ……………… 125

《赵城金藏》的发现 …………………………… 125

《大正藏》 ……………………………………… 126

引言

佛教，由释迦牟尼在人世创立，以独特的教法开导世人脱离迷惘，觉悟成佛。佛，就是觉者的意思，自觉觉他，因此佛教并不是崇拜神仙、祈求庇护的宗教，而是追求圆满真理、无上觉悟的智慧的大悲的宗教。佛教是世界三大宗教之一，在我国五大宗教信仰之中，信徒人数最多，在悠远的历史长河之中，对我们社会、文化的各个方面均产生了不容忽视的影响。

佛教兴起于公元前6世纪左右的印度，经历了释迦牟尼及其原初弟子在世时的原始佛教、部派的小乘佛教阶段，而向大乘发展。在汉代的时候，佛教传入中国，逐渐进入到中国的文化之中，并开始在新的环境之中生长。思想的传播需要以文字作为载体，佛教这种产生于印度的宗教，想要在中国这片迥异的土地上得到推广，就必须争取将那些含载其教义的典籍文献尽善尽美地展现在中国人的面前。因此，对于汉传佛教来说，佛典（笔者所述的佛教经典，不单指经，而是泛指包括经、论、律和后人注疏在内的一切典籍）的汉译及其在汉地的传播实在是事关重大，具有非常重要的意义。

然而需要注意的是，佛教是并不完全拘泥于文字经典的，如佛教有"四依"之说，即所谓"依法不依人，依义不依语，依智不依识，依了义经不依不了义经",作为佛教徒,是不应该只是执着于表面上的文字的。《金刚经》中有著名的"筏喻"之说:佛陀的教法是我们获得智慧到达彼岸的舟筏,但是如果我们在到达彼岸之后,仍然不愿舍弃舟筏,将它背负在身上,使它成为自己前进的拖累,就是很不明智的了。佛典的翻译与传播是为了扩大佛教的影响,让越来越多的人能够接受佛陀的教化。佛典是佛教徒修行之路中的引路牌,而不是给佛教徒强硬设立的条条框框,我们要看到的是手指所指向的月亮,而非仅仅只是指着月亮的手指而已。

佛陀雕像
收藏于法国巴黎吉美博物馆的站立姿势的佛陀释迦牟尼雕像,大约制作于3～4世纪期间

一 印度的佛典

中国的佛教源自印度,印度本土的佛典通过各种不同的方式传到中土,翻译成汉文,被汉传佛教的信徒所尊奉、研习。因此,要了解汉传佛教经典,就必须追本溯源,从印度的佛典讲起。

1. 初次结集

世尊的教诲起初也只是口头的言说，佛教并没有从一开始就形成了书面文字化的典籍，而只是依靠口耳相传的方式传播。世尊在菩提树下觉悟后，怜悯世人悲苦，为救度世间而转法轮，以口头的方式宣说四圣谛、八正道、无常、无我等教法。而此时世尊演说正法所使用的语言，也并不是标准的梵语，而是为方便听法众生，随意使用当地的方言俗语。

按照《佛遗教经》所记载，世尊弘传佛法，其所当度之人都已度尽，在娑罗双树间将入涅槃时告诉弟子说，我此世人身"应可度者，若天上、人间，皆悉已度，其未度者，皆亦已作得度因缘"，因为我的种种教导"自今以后，我诸弟子展转行之，则是如来法身常在而不灭也"。世尊示寂之后，未能生逢佛世的众生要靠什么来获得解脱呢？这就需要佛陀的弟子们将他的教诲记下来，流传下去，作为后世获得觉悟、解脱的依据。然而，口头的相继并不能完全保证教义毫无流失地传承，并且，不同弟子在不同时间、不同情境之下所听闻的教法也都各有侧重，不

佛陀三相图浮雕
收藏于英国伦敦大英博物馆的三相图浮雕,制作于2世纪,石灰岩材质,高235厘米,宽92.5厘米,于印度阿马拉瓦蒂出土。内容分别是佛传中三项事迹的象征,上中下三段分别是释尊的入灭、初转法轮和成道,分别由窣堵坡、法轮、菩提树下的空宝座和众人礼拜及空中供养的仙人等组成

尽相同。这种传承差异的存在非常容易使那些一心想要保存、延续正法的弟子之间产生争论,也使得向往佛教的信众莫衷一是,无所适从,不利于佛教的进一步传播。如果这个问题不加以解决,局面不加以控制,那么情况必将随着时间的流逝而愈加严重,最终歧异丛出,从根本上湮没正法。因此,就要进行"结集",用经典的方式确定正法。

"结集",也可以翻译作"集法"、"集法藏"或者"结经",即表示合诵、会诵的意思,指即众佛弟子聚集在一起,共同诵出佛陀

迦叶尊者像

台湾中台禅寺中的迦叶尊者像。摩诃迦叶是佛陀的十大弟子之一,被称作"头陀第一",相传佛陀灭度后的第一次结集便是由他主持的。

的教法,并将之形成书面文字形态的经典,既防止教义的散失,也确立了正法,防止异义的出现。关于第一次结集,《四分律》、《撰集三藏及杂藏传》、《付法藏因缘传》、龙树论师的《大智度论》以及玄奘法师的《大唐西域记》等之中都有所记载。这次结集是佛弟子们首次大型的结集活动,由佛陀十大弟子中"头陀第一"的长老摩诃迦叶主持,以迦叶为首,有五百名(或说一千)比丘参与,结集出了最初的经藏和律藏。

相传世尊示寂之时,弟子摩诃迦叶正在他处静坐,他忽然感觉有各种怪异的景象出现,便以天眼四处观察,发现世尊已然涅槃。这时,天人众生或者感于世尊的离去而悲伤,或者见世尊示寂而更加了悟诸法的无常,甚至有许多大阿罗汉追随世尊而同般涅槃,天上天下无不陷于巨大的忧愁之中。迦叶身为佛陀十大弟子之一,深受佛陀器重,他并没有像其他的阿罗汉一样随佛陀而入灭,而是以大局为重,为了佛法能够长久地流传下去,决定努力保住后世众生的"得度因缘"。迦叶赶到娑罗双树处礼敬之后,便登上须弥山顶,击大揵槌而说偈,告世间佛弟子:"佛诸弟子,若念于佛,当报佛恩,莫入涅槃。"三千世界诸大弟子听闻之后,都来到了迦叶之所,迦叶便由此主持结集,保存佛法。于是,在佛陀入灭的当年,由阿阇世王作大檀越(施主)供给众僧一切所需,在摩揭陀国的王舍城郊外七叶窟,摩诃迦叶召集

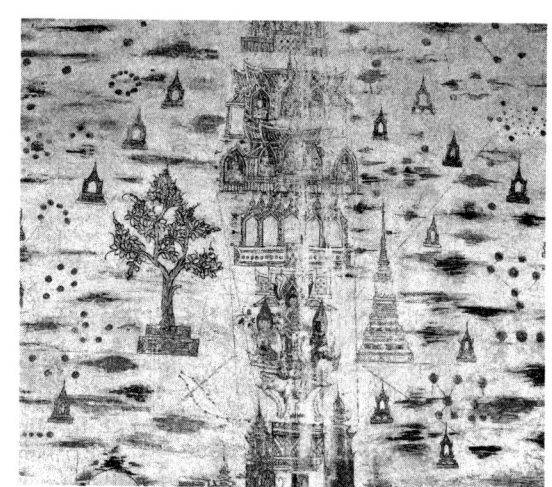

须弥山

须弥山,印度教徒和佛教徒都视其为"神圣之地"和"宇宙的中心"。所有存在的事物,从山峰上梵天的金城到山脚的七个下层世界,都在须弥山上;圣河恒河也源自此山

了五百(或说一千)名比丘,开始结集。

迦叶观察参与结集的众位比丘,发现都已经修行到了无学阿罗汉的阶位,只有阿难一人还处在较低的阶段。于是迦叶便告诉阿难应当离开,但是考虑到阿难随侍佛陀多年,每次佛陀讲法的时候都有所参与,多闻教诲,不应当将他排斥在外,便要求阿难断尽所余的爱惑烦恼,再来结集。于是阿难便离开,证入无学阿罗汉阶位后向众比丘显示神通,重新正式地参与了结集。这次结集,由"多闻第一"的阿难诵出经藏,由"持戒第一"的优婆离诵出律藏,摩诃迦叶自己诵出论藏,其他比丘加以认可,历时两三个月,结集出了最初的佛典。

而根据玄奘法师的《大唐西域记》、真谛法师的《部执异论疏》等记载,在摩诃迦叶、阿难等阿罗汉在七叶窟进行结集的同时,还有以婆师波为首的近千比丘,在七叶窟之外他处另行结集,诵出经、律、论、杂集、禁咒五藏,被称作"窟外结集"或"界外结集"。后人大

一 印度的佛典 | 7

多对这种说法有所保留,认为这可能只是上座部、大众部部派分裂之后所虚构出的传说。

龙门石窟阿难像
"面如净满月,眼如青莲花,佛法大海水,流入阿难心。"阿难是佛陀十大弟子之一,号"多闻第一",相传第一次结集时由他诵出经藏

小知识◎《佛遗教经》

　　《佛遗教经》是《佛垂涅槃略说教诫经》的简称，一卷，由后秦时期的鸠摩罗什法师所译。本经篇幅较短，是佛陀"最后之所教诲"，记录了佛陀释迦牟尼临入涅槃之前对弟子们最后的警诫与教导，是佛陀一生教法的总结，历来受到佛教信徒的高度重视。印度的世亲论师曾作《遗教经论》来加以阐释，明朝蕅益智旭大师也曾作有《佛遗教经解》。

◎初转法轮

　　在世尊刚刚舍弃太子之位而出家的时候，他的父亲净饭王派遣了憍陈如、跋提、摩诃男、十力迦叶、阿说示五位王师陪同他一起修苦行，后来世尊放弃苦行，这五人离开他，去鹿野苑继续苦修。世尊觉悟之后，念及这五人，便先赴鹿野苑度脱，宣说佛教的种种基本教义，是为"初转法轮"，此五人也就成了最初追随世尊的"五比丘"。

◎十大弟子

　　十大弟子，指释迦牟尼佛十名出色的弟子，经常出现于各种经论之中，包括"智慧第一"舍利弗、"神通第一"目犍连、"头陀第一"摩诃迦叶、"多闻第一"阿难、"天眼第一"阿那律、"解空第一"须菩提、"说法第一"富楼那、

"论议第一"迦旃延、"持律第一"优婆离以及"密行第一"罗睺罗。这十大弟子虽然各各众德皆具,然就其所长而偏说之,因而有上述称号。我们经常能见到的随侍世尊两侧的两位比丘,就是其中的摩诃迦叶和阿难。

◎阿阇世王

阿阇世王是佛陀在世时中印度摩揭陀国频毗娑罗王之子,也叫作阿阇多沙兜楼王,或者意译为未生怨王。传说频毗娑罗王年老无嗣,求子心切,便请占卜师占卜,占卜师告诉他在毗富罗山有一位仙人将死,死后将会投生做太子。频毗娑罗王急于得子,于是便派人暗杀了这位仙人,因而得子。正因为阿阇世王尚未出生便已与父亲结怨,故得名未生怨王。日后阿阇世王果然夺权弑父,并且四处征伐,扩大了王国的版图,为之后印度的统一奠定了基础。后来阿阇世王于佛陀前忏悔,皈依佛教,成为一大护法。

2. 第二次结集

第二次结集，根据《岛史》、《大史》等南传佛教的史料记载，在佛陀入灭一百年之后；而据《大唐西域记》、《十诵律》等所说，则在佛灭一百一十年之后。相传，佛陀涅槃百年或一百一十年之后，住在印度毗舍厘城的一些比丘之中出现了远离佛法、不合戒律的情况。这时，有一位从西印度而来的长老耶舍比丘发现了，便努力制止这些破坏教规的行为。于是，耶舍与三菩伽、厘波多、沙罗、富阇苏弥罗等长老集聚毗舍厘城，针对那些戒律松弛的比丘所犯的十件事，进行第二次结集。根据《善见律毗婆沙》第一卷所载，这十件事分别是：第一，角盐净，即将盐等调味料储藏在角器中以备日后使用；第二，二指净，即当日晷的影子由日中推移至二指的宽度之间时，仍然可以饮食；第三，聚落间净，即比丘在一个聚落乞讨饮食之后，还可以再进入其他聚落乞讨饮食；第四，住处净，指某一个教区内的比丘，可以随意在其他处行布萨；第五，随意净，在判决众议的时候，如果参与的僧人数量未齐，可以预想事后承诺而先举行羯磨；第六，久住

乞食僧
缅甸乞食后返回寺院的僧人。僧人以接受布施为生，而引起佛教分裂的十事很多便是因行乞中所要遵守的规定而起

净，即指可以随顺先前之例；第七，生和合净，指用饭之后可以饮用没有经过搅拌去脂的牛乳；第八，水净，指可以引用阇楼伽酒（即未发酵的椰子汁）；第九，不益缕尼师坛净，指可以随意缝制不用贴边或任意大小的坐具；第十，指金银净，接受布施时可以收取接受金银并储蓄金银。这十件事情在现在看来，虽然似乎微不足道，但是在佛教初期严守戒律的僧团之中，如果不加以制止，那么这种小恶的苗头必将逐渐积恶难返，况且，与印度的耆那教等教派的苦行相比，佛教的修行实在是很轻松的了。据《大唐西域记》所记，当时三菩伽长老

曾这样对众比丘说:"钦哉,念哉!昔大圣法王善权寂灭,岁月虽淹,言教尚在。吠舍厘城懈怠苾刍(即比丘)谬于戒律,有十事出,违十力教。今诸贤者深明持犯,俱承大德阿难指诲,念报佛恩,宣明圣旨。"为了尽力将这种戒律松弛的情形扼杀掉,耶舍长老等七百比丘进行了第二次结集,宣布这"十事"是违犯戒律的行为。而据说当时毗舍厘城的一些比丘拒不服从,又独自举行了一场结集,反对认为此"十事"是犯戒的判决。根据南传史料的记载,这次针对"十事"的争论,导致了以耶舍为首的上座部,和认为"十事"可以接受的大众部二者的分裂。

小知识◎"大天五事"

根据《异部宗轮论》、《大毗婆沙论》等北传史料的记载,佛灭百年之后,上座部、大众部的分裂是出于对"大天五事"的分歧。大天比丘认为即使是修行到了阿罗汉的阶位,还是会有5种局限,即有遗精、便溺、涕唾等生理现象;有并不与无明相对的不染污无知;对烦恼已无疑惑,但仍有处非处疑;需要他人指点,才能知道自己进入了阿罗汉位;圣道需要借由言语显现。总成一颂曰:"余所诱无知,犹豫他令入,道因声故起,是名真佛教。"反对大天说法的僧众为上座部,同意者则为大众部。

3. 第三次结集

关于第三次结集的记载仅见于南传的《岛史》、《大史》等史料之中。相传在佛陀入灭后二百余年时，在印度历史上著名的帝王阿育王的护持之下，以目犍连子帝须为首的一千名比丘集会于摩揭陀国的

阿育王头像

我国南朝时期雕刻的阿育王头像，1954年于四川省成都市万佛寺遗址出土，现收藏于四川博物院（原四川省博物馆）万佛寺石刻馆。阿育王是印度孔雀王朝的国王，在位期间统一了除迈索尔地区以外的全部印度，并护持、推广佛教，是印度历史上的伟大君王

华氏城。这次结集以经、律、论三藏为主，并针对佛教义理中例如补特伽罗等的许多重要问题进行辩论，同时批驳各种外道的说法。目犍连子帝须编撰了《论事》一书，收集了当时佛教各部派各自的种种说法，为后人了解佛教的发展提供了重要的资料。

4. 第四次结集

关于第四次的结集有北传、南传两种不同的说法。根据北传佛教的记载，这次结集发生在佛陀灭度四百年之后。相传当时贵霜帝国的迦腻色迦王深信佛法，每天都会请一位僧人入宫为他讲法，但是由于所请僧人各自的所属部派各有不同，所讲之法也常常大异其趣，因而迦腻色迦王深感困惑，便找到了著名的胁尊者。胁尊者告诉他如来去世已久，现在的佛弟子各执己见，分成众多部派，相互矛盾，争论四起。迦腻色迦王听后深感遗憾，悲叹良久，于是决定主持结集，议决正法。但是由于前来参与结集的僧人太多，迦腻色迦王害怕妄生争诘，于是要求只有已证圣果，达阿罗汉位，具宿命明、天眼明、漏尽明等三明六通，穷究经、论、律三藏及声明、工巧明、医方明、因明、内明五明的贤达比丘才可以留下，这样，聚集得四百九十九人。

于是在迦湿弥罗建立伽蓝，开始结集三藏，准备编辑《毗婆沙论》。这时有一位世友尊者也想参与结集，但是其他比丘要求他必须先证得阿罗汉果才行，世友回答说："在我看来，阿罗汉果没有什么价值，我志求佛果，因而并不注重这种小径。我只要将手里的线团抛起，未落地时，我必当依然证得阿罗汉果。"在众比丘的要求下，世友便向上抛起了线团。这时，空中的天神接住了他的线团并且说："您是将在弥勒菩萨之后证得佛果的人，非常尊贵，被众生所仰仗，怎能就这样只证阿罗汉小果呢？"众比丘见此，便知晓了世友的贤德，将他请为上座，裁决各种异议。这便聚集了以胁尊者、世友为首的五百比丘。这次结集，产生出《优婆提舍论》、《毗奈耶毗婆沙论》、《阿毗达磨毗婆沙论》等典籍，迦腻色迦王以赤铜作镍，将结集之所得镂写其上，放在石函之中，建塔收藏。

而根据南传的史料的记载，第四次结集则是在斯里兰卡。公元前1世纪，在婆他伽马尼国王统治期间，罗希多大上座在阿卢寺主持举行，有五百名比丘参加。这次结集诵出了上座部佛教巴利语系统的三藏，并对先前的注释加以修订编排。

这就是佛教历史上最主要的四次结集。

5. 早期、部派时期的佛教经典

假如我们以一种客观的历史眼光观察，最早出现的记录了原始的佛教思想的经典是阿含类经。阿含，也译作阿笈摩、阿含暮，意译为法归，因为阿含类经被佛教徒看作是"万善之渊府，总持之林苑"。汉译的阿含类经主要有四部，即《长阿含经》、《中阿含经》、《杂阿含经》、《增一阿含经》，《长阿含经》即编集经文篇章较长者，《中阿含经》即编辑篇章长短适中者，《增一阿含经》因将经文按照法数顺序进行编纂而得名，《杂阿含经》则混集前三者，四部《阿含经》的名称都是由各自体裁而定。由于佛教经典形成文字较晚，四部《阿含经》内容之中混杂了部派佛教的成分。相应的巴利语经典则包括《长部》、《中部》、《相应部》、《增支部》、《小部》。而在律的方面，较为早期的律藏包括后来经汉译的《四分律》、《五分律》、《十诵律》、《摩诃僧祇律》，巴利语的律藏则包括《经分别》、《犍度》、《附随》三大部。相传在第一次结集的时候，佛陀"持律第一"的弟子优婆离

《佛陀说法图》
《佛陀说法图》由徐悲鸿先生绘制。徐悲鸿,生于1895年,卒于1953年,汉族,江苏人,我国现代美术事业的奠基者,杰出的画家和美术教育家

诵出了最初的种种戒律,后来的僧人便根据这些内容整理、扩充,制定出了早期的律藏。我们从南传史料关于第二次结集以及上座部、大众部分裂的记载可以看到,早期各个不同僧团之间在修行生活的习惯、规矩上是有很大不同的,各自具体的戒律也不尽相同,因此佛教的律藏也都大多是带有部派色彩的。比如上述汉译的律藏之中,《四分律》出自上座部系统后来分化出的法藏部,《五分律》出自上座部系统的化地部,《十诵律》出自上座部系统的说一切有部,《摩诃僧祇律》则出自大众部。

在这里,我们有必要了解一下部派佛教的大致情况。早期佛教经过因所谓"十事"(或说"大天五事")所导致的上座部、大众部分裂后,由于各个僧团对佛法的不同理解或者修行中戒律规定的不同,逐渐形成了众多的部派,进入了部派佛教阶段,各种史料对此的记载稍有不同,但大体上相互印证,按照北传史料《异部宗轮论》来讲,此时所分出的部派包括大众部及其系统的一说部、出世部、鸡胤部、多闻部、说假部、制多山部、西山住部、北山住部，本末合计九部，上座部以及该系统的说一切有部、雪山部、犊子部、法上部、贤胄部、正量部、密林山住部、化地部、饮光部以及经量部，本末合计十一部，一共为二十个部派，这些部派之间由于各自的教义法理有所不同而相互争论，讨论的问题涉及到法的分类及有无、补特伽罗有无、因果理论、佛陀观、菩萨观、修行方法等众多的方面，实际上促进了佛教义理的进一步开展。部派佛教阶段留下大量的典籍文献，例如其中重要的有犊子部进一步分裂后出现的《三法度论》、《三弥底部论》等，说一切有部的"一身六足"，即《发智论》以及《集异门足论》、《法蕴足论》、《施设足论》、《识身足论》、《界身足论》、《品类足论》六论，第四次结集的成果之一《大毗婆沙论》便是说一切有部对《发智论》进行注释的著作，此外还有小乘佛教中的巨著——世亲论师舍小向大之前参考经量部学说来总结有部法理而作的《阿毗达磨俱舍论》，以及众贤论师评破《俱舍论》的《顺正理论》等，而南传佛教则有上座部的七部论书，包括《法集论》、《分别论》、《界论》、《人施设论》、《论事》、《双论》、《发趣论》七者。

小知识◎巴利语

　　巴利语是南传佛教的圣典用语,流行于锡兰(今斯里兰卡)、缅甸、泰国等地。巴利语和梵语一样属于印欧语系,是印度古代南部地区的地方语种。巴利语与梵语有很大程度的相似,但是跟梵语相比,巴利语在音韵和语法等方面较为简单一些。锡兰佛教徒认为巴利语是古代的摩揭陀语,是佛陀讲法以及起初结集时所使用,后来传至锡兰,但是后来的一些研究对此种说法持怀疑态度。

6. 大乘至密教时期
的佛教经典

《大智度论》第一百卷中有这样的一个传说：第一次结集的时候，在迦叶于耆阇崛山结集小乘三藏的同时，文殊师利、弥勒等大菩萨在铁围山同阿难一起结集大乘经典，而阿难知道当时的众生根器不够宏大，只适于学习声闻教法，因而没有为他们说大乘法，害怕会造成混乱，引起争论，反而不利于众生修行。而从历史上讲，大约在公元前1世纪的时候，大乘佛教在印度开始兴起，而大乘佛教经典的出现是这一现象的重要标志，较早出现的大乘经典包括般若类经、法华类经、华严类经等。般若类经的数量较多，现存的梵文本有十万颂、两万五千颂、八千颂等，并且有大量的汉译、藏译本留传了下来，其中最为完全的版本当属玄奘法师所译的六百卷《大般若波罗蜜多经》，其他著名的般若类经有《道行般若经》、《小品般若经》、《摩诃般若经》，以及广为人知的《般若心经》、《金刚经》等。法华类经的汉译以《妙法莲华经》为代表，华严类经的汉译包括较全的"六十《华严》"、"八十《华严》"、"四十《华严》"三个版本,以及《本业经》、《兜沙经》、《渐备一切智德经》。此外,早期的大乘经典还有《维摩诘经》和《佛说无量寿经》、《佛说观无量寿佛经》、《佛说阿弥陀经》"净土三经"等。

由般若类经典中的基本思想进一步发展而来的中观派是大乘佛教较早出现的派别,以龙树论师、提婆论师为代表,在2、3世纪的时候兴起。印度中观派的著作有龙树的《中论》、《十二门论》、《大智度论》,提婆的《百论》,以及时代较晚的佛护的《根本中论注》,清辨的《大乘掌珍论》、《般若灯论释》等。

在大乘佛教发展的同时,小乘佛教的发展也并没有止歇,除了上文提到过的世亲《俱舍论》等之外,还有诃梨跋摩的《成实论》等。

这时的大乘佛教处于一个蓬勃发展的阶段,3世纪后续出了许多的大乘经典,其中影响较大的包括《涅槃经》、《胜鬘经》、《解深密经》、《楞伽经》、《金光明经》等。在4、5世纪的时候,大乘佛教的另外一个

维摩诘图

甘肃敦煌莫高窟第103窟的《维摩诘图》。这幅壁画是描绘维摩诘称病在家,佛祖派遣文殊师利等弟子去看他,席间维摩诘宣扬大乘教义的场面,旧传为吴道子所作

清代线刻的龙树论师像

龙树论师,南印度人,由于其因龙而得道,因而名字中有"龙"字,他不但开创了印度大乘佛教的中观学派,而且被尊为汉地"八宗之祖"

清代线刻的提婆论师像
迦那提婆,南印度人,姓毗舍罗,为龙树论师的弟子,辩才出众,著有《百论》、《四百论》等

清代绘画无著论师像
无著论师出生于北印度的犍陀罗国,初于小乘化地部出家,后回信大乘,并开创了印度大乘佛教瑜伽行派

重要派别瑜伽行派在印度兴起,以无著、世亲两兄弟为代表,与中观派并列大乘佛教最重要的两派,如后来唐朝的义净法师在他的《南海寄归内法传》中概括说:"所云大乘无过二种,一则中观,二乃瑜伽,中观则俗有真空,体虚如幻,瑜伽则外无内有,事皆唯识。"这一派所产生的主要典籍包括弥勒的《瑜伽师地论》、《辩中边论颂》,无著的《摄大乘论》、《显扬圣教论》、《大乘庄严经论》,世亲的《五蕴论》、《唯识三十论》、《百法明门论》、《大乘成业论》,陈那的《集量论》、《因明正理门论》、《观所缘缘论》等。

7世纪时,印度的大乘佛教在其他信仰中的咒法、密行的影响下,吸收并发展出许多奥秘成分,形成了仪轨完善的纯粹密教。龙树论师《大智度论》中曾讲"佛法有二种:一秘密,二现示",将佛教分为显、密二种,于是,密教的修行者便按照这样的思路进行判教,将释迦牟尼佛所说大小乘经教称为"显",将大日如来所说的秘密法门称为"密",即密教。此派以《大日经》、《金刚顶经》为根本,包括金刚界曼荼罗和胎藏界曼

曼荼罗

曼荼罗,又作曼陀啰、满荼逻、曼拏罗、曼拿等,意译为坛、道场、轮圆具足、聚集等。即指建筑一定形状的法坛,并将大日如来等诸佛、菩萨安置其上进行礼祭、供养。佛、菩萨聚集于此,则可放邪魔、不净。在此坛中,佛、菩萨之功德具足,形成一大法门,如同车轮一样圆满具足,以帮助教徒进行修行。这一幅是胎藏界曼荼罗

清代线刻的世亲论师像
世亲论师,又作天亲,梵名婆薮槃豆,为北印度人,无著论师之弟,是小乘佛教的重要论师,也是大乘佛教瑜伽行派创始人之一

荼罗两个部类。

中观、瑜伽行之后的印度佛教出现了两派相互融合的情形,以8世纪的寂护、莲花戒、师子贤等论师为代表,又瑜伽中观派所造的论典包括寂护论师的《中观庄严论》、《摄真实论》,莲花戒的《中观明论》,师子贤的《现观庄严论注》等。

从11、12世纪开始,由于印度佛教自身的左道密教倾向、印度教的复兴打击、伊斯兰教入侵印度等原因,印度本土的佛教走向衰落,因而也就几乎再没有新的佛教典籍出现了。

小知识◎大乘

　　梵语为摩诃衍,意译为大乘,乘表示用来运载的交通工具,因为大乘修行者除了自己修行"自利"以外,还要求救度其他众生"利他",并且以佛果为修行的目标,不同于只要求"自利"并以阿罗汉为修行目标的小乘修行者,因此,相对小乘而自称为大乘。

◎纯密与杂密

　　《大日经》、《金刚顶经》出现之前,便早已在许多佛教经典中出现了大量的陀罗尼经咒,例如《法华经》中的《陀罗尼品》、《心经》中的《般若波罗蜜多咒》等,这些秘密法门于释迦牟尼佛显教法门的开示中随宜出现,被称为"杂密"。与此相应的,大日如来所说之专一于论述密教的《大日经》、《金刚顶经》及其各支分密法被称为"纯密"。

二 佛教经典的类别与体例

佛教的经典通常按照内容的不同分为经、律、论三部分,并称为"三藏",所以佛教中精通各种经典教法的僧人通常会被尊称为"三藏法师",比如在《西游记》中,以西行求法的玄奘法师为原型的唐僧就常常被称作"唐三藏"。

1. "三藏"——经、律、论

经，或作契经，梵语的原文为 Sūtra，因此也会被音译作修多罗、素怛缆或者苏怛罗。经通常被认为主要是由佛陀所讲出的，所以许多

《摩诃般若波罗蜜经》
发现于甘肃敦煌藏经洞的《摩诃般若波罗蜜经》(局部，此为第十四卷)，纵28厘米，横236厘米

的经都会以"如是我闻"作为开头,也就是"我曾听佛陀这样说"的意思。修多罗的原意为线,因为佛陀的教诲提纲挈领而贯穿诸法,就如同线贯穿花鬘,是佛教义理的基本,如《佛地经论》第一卷中解释说:"能贯能摄,故名为经,以佛圣教贯穿摄持所应说义所化生故。"

经包括小乘经和大乘经以及大日如来的密教经,小乘经以阿含类经为代表,大乘经则按其教法内容分为般若类经、法华类经、华严类经、宝积类经、涅槃类经、大集类经等,密教者则以《大日经》、《金刚顶经》为首。

律的梵文为Vinaya,音译作毗奈耶、毗尼耶、毗尼等,意译为调伏,即调和身口意三业,制伏种种恶行的意思。律是佛教修行者生活的准则、规矩,用以防非止恶,佛教戒律的基本原则一般被认为是由佛陀所亲自确定的。在佛教的初期,佛陀组织并发展僧团,那么作为一个团体进行共同的修行生活,就必须要有一定的规矩对成员的行为加以约束。所以,当僧团中有成员做了不应该做的事情的时候,佛陀便会加以告诫,同时定下规矩,同样的错误以后不可再犯,如此便自然而然地形成了最初的律。律的内容是随着佛教的发展而不断扩充和变化的,当僧团由不同的成员所组成、处在不同的环境中时,原本旧的规则必然会面临这样那样的问题,比如南传史料所记载的导致上座部、大众部分裂的"十事"就是一例,因此,律藏的内容也是处在不断的变化中的。佛教各个派别也有针对各自修行要求所制订的律,比如第一章中提到过的出自法藏部的《四分律》、出自化地部的《五分律》、出自说一切有部的《十诵律》、出自大众部的《摩诃僧祇律》等,而在这些小乘律之外,强调菩萨行的大乘佛教也有不同于小乘的各种菩萨戒。

律藏中的内容通常分成波罗提木叉和犍度两个部分。波罗提木叉指佛教徒应当遵守的防非止恶的规定,以及相关的处罚方法,如《五分律》第十八卷中说:"波罗提木叉者,以此戒防护诸根,增长善法,于诸善法最为初门故,名为波罗提木叉。"按照轻重,其内容大致可分为八大类,即波罗夷、僧伽婆尸沙、不定、尼萨耆波逸提、波逸提、波罗提提舍尼、众学、灭诤法八种。波罗夷为最重之罪,犯者必逐出僧团,并且死后下至地狱。僧伽婆尸沙,即僧残,仅留残余之法命。不定为所犯之戒范围、轻重尚不明确者之罪过。尼萨耆波逸提,即舍堕,须舍弃不应有之财物而忏悔以除去贪心之罪过。波逸提,即单堕,只单向他人忏悔则能得灭罪,而不忏悔则将堕于恶趣之罪过。波罗提提舍尼,指触犯了关于饮食方面的戒律,向另一比丘忏悔即可消灭之罪过。众学,衣食住行等方面的细微罪过,此类数量较多,要多加注意、多加学习,所以叫做众学。灭诤,即停止僧团之中争论的方法。犍度是关于受戒、布萨、安居等僧团的仪式、作法、生活等方面的规定。犍度有蕴、结、聚、分段的意思,即指将上述的规定分类整理所形成的条文。除此之外,巴利语律藏中还有附随这一部分。附随大致相当于律藏的附录,主要内容为对于戒条的进一步解释说明。

论,梵文原文为 Abhidharma,音译阿毗达磨、阿毗昙、毗昙,意译对法,即指对观四谛真理、对向涅槃胜果的殊胜智慧,多是由菩萨、论师所造。论是对经中所讲之法进行解释,进一步阐释佛教教法的文字,比如《十地经论》是对《华严经》中《十地品》的解释,《大智度论》是对《大品般若经》的解释,龙树论师的《中论》、弥勒的《瑜伽师地论》分别是大乘佛教中观、瑜伽行两派的根本论典。

小知识◎戒律

　　戒和律本来表示的意思并不完全相同。笼统地讲，戒，是自律的，是发自内心地自觉遵守规矩；律，是他律的，是制订出来规范修行生活的条款以及对违规行为的处罚方式。在维持僧团共同生活的秩序、保证修行者修行上，二者是同样重要的，因此二者常常并称，而且在具体的使用中，这两者的意思通常是并不做严格的区分的，经常相互混用、相互包含。

◎ "四藏"、"五藏"

　　除"三藏"的说法外还有"四藏"、"五藏"等其他的归类方法，例如前文所提到的第一次结集时以婆师波为首所进行的"窟外结集"所结集出的"五藏"，除经、律、论之外，杂诠戒、定、慧三者，或其中两者的，被称为杂集藏；收摄种种秘密真言、陀罗尼等的，被称为咒藏。

2. 十二分教

此外,有"九分教"、"十二分教"的说法,是按照体裁与内容的不同对佛教经典进行的划分。"十二分教"也叫作"十二部经"、"十二分经",包括契经、重颂、授记、讽颂、自说、因缘、譬喻、本事、本生、方广、未曾有法、论议:

第一,契经,音译为修多罗,即狭义的经,在这里特指直接叙述佛法的长行经文。

第二,重颂,也作应颂,音译为祇夜,是用来概括前面长行经文内容的偈颂。

第三,授记,音译为和伽罗那,是佛陀对弟子以及其他众生将来修行必定会达到的果位或受一定的果报所做的预言。

第四,讽颂,音译为伽陀,指于长行经文之外,直接单独以偈颂的形式进行表述的教法。

第五,自说,音译为优陀那,指佛陀在没有他者请问的情况下所宣讲的教法。

佛本生故事壁画

河北蔚县涌泉庄乡重台寺佛本生故事壁画。本生即对佛陀自己过去世为菩萨时所行事迹的叙述

北魏壁画《鹿王本生》

甘肃敦煌莫高窟（千佛洞）第257窟西壁的北魏壁画《鹿王本生》（局部），描绘了九色鹿的本生故事：释迦牟尼前生曾是一只九色鹿王，一次救起了一个溺水的人，而溺水人因贪图富贵反而带着国王去捕猎九色鹿，但是国王最终被九色鹿的正气所感动

第六，因缘，音译为尼陀那，指佛陀宣说如是教法的缘起。

第七，譬喻，音译为阿波陀那，即各种典籍中为了表述教法义理而使用的譬喻。

第八，本事，音译为伊帝目多伽，即对菩萨、罗汉等佛弟子过去之世言行的叙述。

第九，本生，音译为阇陀伽，即对佛陀自己过去世为菩萨时所行事迹的叙述。

第十，方广，音译为毗佛略，指佛陀所宣说的广大深远之教法。

第十一，未曾有法，音译为阿浮陀达摩，即关于佛陀及诸弟子不可思议的神通力。

第十二，论议，音译为优波提舍，指对佛法义理所进行的论述阐发。

"十二分教"之中，契经、重颂、讽颂三者为体裁上的归类，其他九种为内容上的归类。"十二分教"是较为后出的说法，起初只有"九分教"，即减去其中的因缘、譬喻、论议三者，或有说是除授记、自说、方广三者，或有说是除自说、譬喻、论议三者。

三 汉传佛教的译经事业

佛教从印度传入中国,佛法的传播必然要以文字作为载体,因而需要将梵语或其他语种文字书写的佛教典籍,翻译为汉文,来为汉地的民众提供阅读的机会。从汉代时来华的竺法兰、摄摩腾开始,佛经的翻译就一直是佛教信众的一项重要事业。

1. 汉朝、三国时期

据史书记载，西汉时期张骞出使西域时，就曾听闻有天竺国及"浮屠之教"（即佛教）的存在，而这时候，也仅仅是知道有佛教的存在，其真正东来华夏，还在这之后。关于佛教传入中国的具体时间，现在学术界比较公认的说法是在西汉哀帝元寿元年，即公元前2年。东晋史学家裴松之在为《三国志·魏书》作注时引用前人著作《魏略》："昔汉哀帝元寿元年，博士弟子景卢受大月氏王使伊存口授浮屠经，曰复立（据考证，"复立"为"复豆"之误，即浮屠）者其人也。"当时西域受印度的影响，很有可能有佛教的流行，而印度早期的佛教较为重视口耳相传的传播方式，

洛阳白马寺山门
竺法兰、摄摩腾来到洛阳后，汉明帝专门为他们建立寺院弘法译经，这就是著名的洛阳白马寺

三 汉传佛教的译经事业 | 37

因而这里西域大月支国的使者口授佛经就很可能确有其事了。

但是，开始有人接触到源自遥远印度的佛教与佛教真正在中国拥有信众影响是不同的，佛教要传播到中国，需要有汉语翻译的佛教经典作为媒介，为更多的中国人接触并接受佛教的教义提供依凭。相传，最早将佛经转译为汉文的译师是东汉明帝时的竺法兰、摄摩腾，而最早的汉译经典则是《四十二章经》（梁启超、吕澂等学者对此有不同看法）。

东汉

根据《出三藏记集》、《高僧传》的记载，东汉永平十年（67年）的一个晚上，汉明帝梦见了一位身长六丈、容貌庄严的金人，在空中飞行，因此深感怪异。于是，第二天，明帝召集群臣询问，大臣傅毅回答说："西域有一种神，名字叫作'佛'，陛下您所梦见的应该便是此。"明帝很同意他的说法，于是派遣蔡愔等人出使天竺，寻取佛法。蔡愔等人刚走到西域，便幸而遇见竺法兰、摄摩腾两位天竺僧人，于是便邀请他们二位来中土弘扬佛法，携带经卷同回洛阳。到了洛阳后，明帝专门为他们建立寺院以方便他们弘法译经，这就是著名的洛阳白马寺。

摄摩腾，中天竺人，精通大小乘各种经论，四处弘扬佛法。曾有一次，摄摩腾到一个国家讲解《金光明经》，却恰好遇到邻国来侵略，这个时候，摄摩腾在《金光明经》护国安民之法义的感召下，不顾个人安危，前往敌营劝和，终于为两国赢得了和平，因而声名大显。后来摄摩腾和竺法兰一同来到洛阳，明帝为他们兴建白马寺，是"汉地有沙门之始也"（《高僧传》中语），但是由于佛法刚刚传来汉地，真正被人们所接受尚需要一个过程，因而摄摩腾空怀法门万千，却难以教授，深为遗憾，在来到中国后不久也就圆寂了。竺法兰，中天竺人，深娴三藏，据称可诵经论数万章，在天竺的时候，便是众学者的老师。他与摄摩腾在游行弘法的途中相遇，后又遇到奉汉明帝之命前来求法的蔡愔一行人，因而来到了洛阳。到了洛阳后，竺法兰很快就学会了汉语，便开始着手翻译蔡愔从西域所带回的经文。摄摩腾、竺法兰在洛阳所翻译的经典，根据《高僧传》记载，一共有《十地断结经》、《佛本生经》、《法海藏》、《佛本行经》、《四十二章经》五部，但是由于后来战乱的影响，只有《四十二章经》一部流传了下来，其余几部都已亡佚了。

清代线刻摄摩腾尊者像
摄摩腾，又作迦叶摩腾，中天竺人，通晓大小乘各种经典，汉永平十年与竺法兰同至洛阳，译《四十二章经》

摄摩腾、竺法兰开佛教中土弘法之先河，但真正打开佛经汉译局面的，则当属其后于东汉末年相继来到中国的安世高和支娄迦谶。

安世高，又名安清，是西域安息国的王子，自幼德行高尚，聪明好学，各种典籍、医法、异术无不通达，尚未出家时便谨持戒律。后来继父位为王，但是马上就让位给叔叔，自己出家修行去了。安世高精于毗昙学及禅定，四处弘传佛法，于东汉桓帝建和元年（147年，一说为建和二年，即148年）经西域来到中国洛阳，不久就学会了汉语，开始了佛经的汉译。由于世高本来是安息国王子，出身王族，所以从西域来到汉地的人都称他为"安侯"，这样的称号经常可见于各种经录之中。虽然《高僧传》中对安世高的翻译评价颇高，但是和后来的

三 汉传佛教的译经事业 | 39

含义佛经相比，安世高译经还是比较偏于直译的，而且由于他的译经事业实属筚路蓝缕，很不容易，并不像后来的译经者可以直接顺古沿用许多的佛教专门用语，又有前人的翻译成果可以参照，故而现在看起来，安世高的译本似乎尚有所不足，可是，安世高译经的重大意义，则是任何人都不能否定的。由于安世高本来精于毗昙、禅定，因而他所翻译的佛教典籍，也有很多是偏向于止观禅数的。安世高所译之经典，据《出三藏记集》载，有《安般守意经》、《阴持入经》、《阿毗昙五法经》、《十二因缘经》、《转法轮经》、《八正道经》、《禅行法想经》等三十四部，共四十卷。

支娄迦谶，或者叫作支谶，西域大月支国人，是一位德才兼备、精勤持戒、矢志弘法的僧人，于东汉桓帝末年从月支来到中国洛阳，

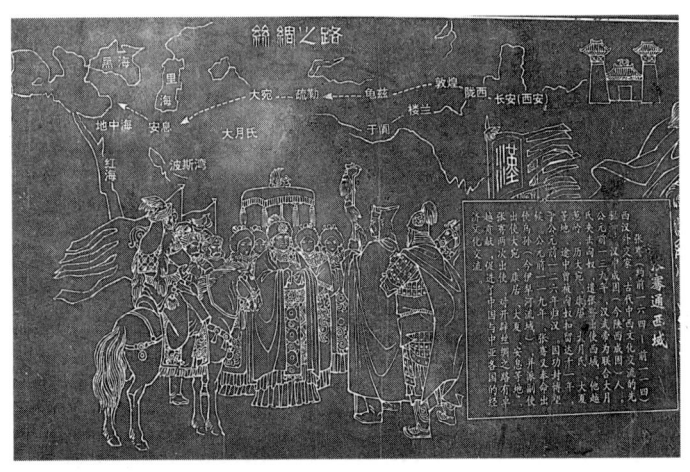

《张骞通西域》
广东省东莞隐贤山庄内的石刻画《张骞通西域》，可见当时"西域"一词所指的大致范围

比安世高稍晚一些，在汉灵帝光和（178～184年）、中平（184～189年）年间翻译佛经。除了独自翻译外，支娄迦谶还常与早些来华的天竺僧人竺佛朔合作，由支娄迦谶口译出来，再由汉人笔录。支娄迦谶所译经典，有《道行般若经》、《般舟三昧经》、《首楞严经》等几种：《道行般若经》之内容相应于玄奘所译六百卷《大般若经》第四会，阐发大乘般若缘起性空思想；《般舟三昧经》讲修般舟三昧之法及其功德，述及阿弥陀佛，为净土类经典的先驱；《首楞严经》以文殊菩萨为中心而发挥法界平等思想。支娄迦谶汉译佛经，在数量上远远逊于安世高，但他却是首先将大乘佛教经典进行汉译的僧人，他的翻译成果所产生的影响反而要比安世高大得多，而且由于有安世高较大规模的译经在先，并且在华译经僧人增加，渐多合作，支娄迦谶的翻译质量也要优于安世高一些。

除了上面提到的安世高、支娄迦谶、竺佛朔以外，还有安玄、严佛调、支曜、康孟详、竺大力等人。安玄与严佛调合作来汉译《法镜经》，翻译的质量很是不错，《高僧传》曾记当时"世称安侯、都尉（即安玄，因功号骑都尉）、佛调三人传译，号为难继"。《古今译经图纪》载支曜曾译有《成具光明经》、《小本起经》、《赖咤和罗经》、《佛说马有八态譬人经》等十一部十三卷，康孟详译有《佛说兴起行经》、《舍利弗摩诃目连游四衢经》、《太子本起瑞应经》等六部九卷，《高僧传》记竺大力曾与康孟详合作，翻译《中本起经》和《修行本起经》。

三国

随后东汉灭亡，进入三国时期，在曹魏、孙吴两国，均有佛典翻译事业进行。虽然饱经战乱，但洛阳作为北方的最重要的城市之一，仍然是佛经翻译的重镇,在此译经者有昙柯迦罗、康僧铠、昙无谛、安法贤等人,如康僧铠所翻译的《无量寿经》,其知名程度无需笔者赘述。这里有一位需要特殊注意的人物,就是汉传佛教史上第一位正式受戒出家的汉人,并且也是汉地最早西行求法的僧人——朱士行。朱士行是曹魏时期颍川(今河南许昌)人,少年时便出家,但是此前东汉时期的政府一直是严令禁止汉人出家为僧的,而且也没有律藏戒本传入汉地,没有受戒的条件,因而此时的所谓出家也不过是远离世俗之事而已,并无法成为后来真正意义上的比丘。恰好,曹魏嘉平(249～254年)年间,天竺僧人昙柯迦罗来到洛阳,他看到汉地虽有僧而无戒,便译出《僧祇戒心》一部,并为汉地僧人授戒。于是,朱士行便正式受戒,成为了汉传佛教历史上的第一名真正意义上的汉人僧人。朱士行受戒为僧后,更加勤勉研习佛教经典。由于早期译经

《朱士行取经》浮雕
浙江杭州飞来峰第47龛的《朱士行取经》浮雕,雕刻于北宋时期,描绘了汉传佛教史上第一位正式受戒出家的汉人,并且也是汉地最早西行求法的僧人——朱士行的故事

条件、经验、水平等的限制，支娄迦谶所翻译的《道行般若经》中常常有让人费解之处，对于刚开始接触大乘佛教的修习者们来说，着实是令人头痛的障碍，朱士行也同样深感于此，曾常常叹息说："这部经文实在是大乘佛教的关键所在，但是前人却并没有完完全全地把里面的教法义理翻译出来。"因此，朱士行决心为法忘身，西行求取全本《般若经》，以便后人得明般若真旨。在曹魏甘露五年（260年）出塞，历尽艰辛，到达于阗，果然寻得梵本《般若经》九十章。但是由于此时当地流行小乘，小乘僧众怂恿于阗国王对朱士行将大乘般若类经传至汉地之事横加阻挠。朱士行深感痛心，决心烧经为证，发誓说："如果此大乘佛法理当流行汉地，则此经必定不燃！"果然经本毫无烧损。于是朱士行便派弟子法饶将经文送回洛阳，自己仍留于阗弘法，后八十岁时圆寂于此。朱士行所求得九十章《般若》，后在元康元年（291年）由竺叔兰、无罗叉等在于陈留水南寺翻译为汉文《放光般若经》二十卷，很快便流行汉地，被修学佛法者奉为圭臬。

　　三国时期，在江南吴国，也有大量的佛经翻译工作在进行，著名的译师有支谦、康僧会等。支谦，字恭明，其祖为大月支人，后定居汉地。支谦长于汉地，精通汉语等六种语言，并从支娄迦谶弟子支亮受学，与支娄迦谶、支亮并称为"三支"，当时人有语赞曰："支郎眼中黄，形躯虽细是智囊。"东汉末年天下大乱，支谦随族人一同避难江南，被吴国君主孙权拜为博士，深得信任，并受命辅导太子孙登。后来孙登早亡，支谦便入穹隆山隐居，六十岁时逝世山中。支谦对于先前汉译经典那种质朴甚至晦涩的文风深感不满，认为这非常不利于佛法义理的弘扬，等到他到了吴国的时候，得到了从事翻译的机会，一方面翻译未译经本，一方面重译、完善过去一些不好的译本。支谦译经的成果较为丰富，据道安说有三十部，僧祐说是三十六部，慧皎《高僧传》

中说是四十九部,包括《维摩诘经》、《大般泥洹经》、《法句经》、《阿弥陀经》、《瑞应本起经》等,其中有些是与他人合译的,如《法句经》;有些是重译的,如《首楞严经》。支谦开创了合译和注译的方法,即在翻译佛经时通过编译和注释的方法使经文更容易阅读,方便理解经义。并且,由于支谦深感于前人译经过于质直的弊病,他的翻译风格显得华美了很多,有很强的文学色彩,在自己对经文意义深度理解的基础上,不受原本梵语文字的过分约束,更加自由流畅地表达经义,后来鸠摩罗什译经,就受了支谦这方面很大的影响,甚至鸠摩罗什重翻译的《维摩诘经》,很多地方都直接采用支谦所译文字。支谦的翻译事业,数量上非常丰富,质量上有很大进步,对于汉地南方佛教的兴起,有着极大的促进作用。

三国时期南方另一位最著名的译师,非康僧会莫属。康僧会,祖上为康居国人,后世居天竺,他的父亲因经商而移居交趾(今越南),少时双亲亡故,服丧完毕后,便出家为僧了。康僧会通佛法,多文才,曾跟随一些汉地学僧,习汉译佛典,后至吴都建业(今南京)弘法。到了建业后,很快就被吴主孙权所注意,康僧会又以神通感得舍利,孙权大为惊奇,为之建塔。这是吴地最早的寺院,因而叫作"建初寺",其所在地被命名为"佛陀里"。从此,江南佛法便逐渐兴盛了起来。后来继任的吴主孙皓毁佛,康僧会挺身

清代线刻吴·康僧会尊者像
康僧会,三国时期译经僧,祖上为康居国人,后世居天竺,其父因经商而移居交趾

而出与之往复辩论，保护吴地寺院。据《出三藏记集》载，康僧会译有《阿难念弥经》、《镜面王经》、《察微王经》、《梵皇王经》均收录在《六度集经》中，另有《小品经》、《旧杂譬喻经》等。除译经外，康僧会还推广梵呗，"清靡哀亮，一代模式"。

此时除上述支谦、康僧会以外，其余在南方译经者，尚有维祇难、竺律炎等人。

东汉三国时期佛法初来中土，译经事业刚刚起步。这一阶段并没有政府出面支持的官译，只是民间的个人行为，而且经验不足，尚处于摸索阶段，数量上、质量上都有很大的进步空间。到了两晋南北朝时期，虽然整个中国战乱兵燹不止，但佛教经典的汉译却迎来了一个又一个的高峰。

小知识◎佛教传入中国的具体时间

关于中国人何时知晓佛教以及佛教何时传入中国，有很多的传说，比如《列子》中言孔子似乎已经知道佛陀的存在，《历代三宝记》第一卷载"始皇时，有诸沙门释利防等十八贤者，赍经来化，始皇弗从，遂禁利防等"，秦始皇时佛教即向中国传播，更有《老子化胡经》认为老子西升化为佛陀。而道宣的《天人感通传》则将时间推得更早，说："至周穆王时，文殊目连来化穆王，穆王从之。"但这些传说，大多系后人杜撰附会，并不可信。

◎《四十二章经》

关于《四十二章经》是不是最早的汉译佛经，研究者有不同的看法。梁启超先生认为《四十二章经》是两晋时期人仿撰《孝经》、《老子》而成的，甚至汉明帝求法的事情也都是虚构的。吕澂先生认为《四十二章经》是摘抄自《法句经》的经抄。而汤用彤、周叔迦等则持相反意见，肯定汉明帝求法以及《四十二章经》的真实性。

◎《高僧传》

《高僧传》由梁朝慧皎所著，集录德行高尚僧人之传记，是汉传佛教重要的历史资料。需要重视的是，慧皎将书名定为《高僧传》而非《名僧传》，因为有些僧人有德有才却不愿迎合世俗，故高而不名，而另一些却恰好相反，真正应该被历史记住的是高僧而非名僧，这无论在古代还是在现今，都是值得我们思考的。在此之后，有唐代道宣的《续高僧传》、宋代赞宁的《宋高僧传》、明代如惺的《大明高僧传》。

◎"护国三经"

佛教相信，有三部经典在保护国家安定繁盛方面有殊胜的功效，分别是《金光明经》、《仁王般若经》、《法华经》，合称"护国三经"。《金光明经》有昙无谶和义净两个译本，《仁王经》、《法华经》的主要译本均出自鸠摩罗什，三经都讲述了其所拥有的救护国家之神力以及弘扬该经、弘扬佛法之功德。

◎般舟三昧

般舟三昧，又叫作佛立三昧，即是说修行这种三昧之法且能得成就者，便可见到十方诸佛现于其前。修行这种三昧以九十日为期，要心中观想阿弥陀佛，口中唱念阿弥陀佛佛号，除饭食之外，不得间断，不得坐不得卧，要么走要么立，如此方可。慧远法师在庐山结白莲社，曾与众人一同修行此法，后来的智𫖮、善导、慧日、承远等人也多有所弘扬。

◎最早的汉语梵呗

根据《高僧传》记载,支谦深谙音律,曾依据《无量寿经》《中本起经》而创作《菩萨连句梵呗》三契,使用汉文以曲调来唱诵经文。但是可惜的是,支谦的三契梵呗还没到梁代的时候就失传了,后人均以曹魏著名的文学家陈思王曹植游鱼山时,闻空中梵音有感而册治《太子瑞应本起经》,而创作的《太子颂》为汉语梵呗之滥觞。

2. 两晋南北朝时期

280年,西晋灭亡吴国,正式完成统一,结束了三国混战的时代,其译事远超前代。

西晋

西晋译师当首推成就空前的竺法护。竺法护的梵名为昙摩罗刹,祖上为大月支人,但世代侨居敦煌。他原本姓支,八岁的时候,从僧人竺高座出家,因而随师父以"竺"为姓。竺法护觉得汉地的佛教徒只是重视寺院、佛像一类的外在形式,而对大乘经典有所忽视,因此决心弘扬大道。竺法护随师一同游历西域,学习了诸国三十六种文字,并搜集了大量梵本佛经,带回敦煌后又前往长安,旅途之中便开始译经,到达长安后更是译经不辍,其间曾在长安青门外建寺修行弘法,名声远播,竟有数千人来寺中跟从学习。竺法护成绩惊人,据《出三藏记集》所载,竟有一百五十九部、三百零九卷之巨,并且,凭借先

于阗如来像壁画

创作于我国魏晋时期,现藏于新疆维吾尔自治区文物考古研究所。于阗是西域地区的一个历史悠久的古国,在今新疆和田一带,汉时归附汉王朝。自2世纪末佛教传入后,大乘佛教在此地逐渐盛行开

前于西域诸国所取得的梵本以及自身广博的学识,竺法护译经的范围甚广,几乎涵盖了当时印度大乘佛教的所有经类,如《光赞般若经》属般若类经,《渐备一切智德经》属华严类经,《正法华经》属法华类经,《方等般泥洹经》属涅槃类经,《大哀经》属大集类经,其他尚有宝积类经、本生经、大乘律藏、小乘阿含类等,为中国的译经事业打开了非常宏大的局面。

除竺法护外,西晋译师还有法炬、竺叔兰、帛远、帛尸梨密多罗等。法炬为西域来僧,曾译有《大方等如来藏经》等。竺叔兰其祖为天竺人,为在家居士,好饮酒,很有魏晋时期的名士风度。据传竺叔兰曾无疾暴亡,三天后复苏,自说得见种种因果报应之事,因而从此专心于译经弘法,先前朱士行派弟子送回的梵本经文,即由竺叔兰与无罗叉等一同译为《放光般若经》二十卷。帛远,河内(今河南沁阳)人,俗姓万,又作白远,字法祖,年少时便不顾父愿,决意出家,后在长安译经弘法,从之学佛者达千人之多。帛远曾与道士王浮辩论佛道孰正,王浮屡屈,竟作《老子化胡经》,诽谤佛教。后因名声太著,秦州刺史张辅请帛远还俗做他的僚属,帛远坚决不从,竟被鞭笞至死,可见其信心、德操之非凡。所译有《佛般泥洹经》等

十六部十八卷。帛尸梨密多罗据传本为龟兹国王子，后让位于弟而出家修行，曾译有《大孔雀王神咒经》，开汉传密法之端。

五胡十六国

西晋实在是一个短命的朝代。316年，西晋孝愍帝司马邺向匈奴刘汉政权投降，西晋灭亡。第二年，琅琊王司马睿在门阀氏族的拥护下，在建康称帝，偏安江南，是为东晋。此时的北方，则处于匈奴、鲜卑、羯、氐、羌诸民族逐鹿中华的"五胡十六国"时期。虽然北方战争不断，但佛教却依然兴盛，并得到发展，影响力不断扩大，译经事业也非常繁盛，不但有朝廷官方支持的译场出现，而且出现了道安、鸠摩罗什等名垂史册的大师。

道安，生于312年（一说314年），生于常山（今河北正定县）一个书香门第之家，双亲早逝，从小精勤向学，十二岁时出家。但是，由于道安外貌丑陋而不被重视，起初只让他做些农活，不让他学习经论，性情淳朴的道安对此毫无怨言。几年之后，道安向他此时的师父请求阅读经文，他的师父起初并未在意，但是很快就被他的学习能力震惊，对他另眼相看，更又为他授具足戒，允许道安外出游学。后来道安在邺城遇到了被尊为"大和尚"的奇僧佛图澄，深受佛图澄赏识，

镏金铜佛像
制作于五胡十六国时期的镏金铜佛像，现收藏于上海市博物馆

便拜佛图澄为师,随之修行。由于道安容貌甚丑,一开始,受到佛图澄门下其他弟子的轻视,但是道安对佛法出色的领悟能力很快就令他脱颖而出,当时之人惊叹曰"漆道人(形容道安是个黑丑的比丘),惊四邻"。

后来,佛图澄圆寂,道安便离开,避难山西、河南等地,研学授徒。当慕容氏征战于河南的时候,道安应习凿齿邀请赴襄阳弘法,带着弟子慧远法师等四百余人前往弘化。道安在襄阳住了十多年,直到苻坚攻陷襄阳将其带至长安为止。在离开邺城到进入长安之间的这一阶段,道安依据安世高所传的经文研习了禅观之学,并且为这些经文写序作注,如《大十二门经》、《修行道地经》、《阴持入经》等。而在这一时段,般若之学流行中土,道安对此也多有注意,据记载他在襄阳的那段时间,专门讲授般若学,每年都要讲《放光般若经》两遍,又曾把先前翻译出的《放光般若经》、《道行般若经》、《光赞般若经》做了比较研究。在大乘般若学刚刚在华夏兴起而鸠摩罗什尚未译出中观派论典的时候,中国僧人凭借着自己的理解而对般若学进行阐释,形成了"六家七宗"之说,其中的"本无"一家,即为道安法师所开创。据吉藏法师所记,道安认为"无在万化之前,空为众形之始",人之所以有执着,是因为存未有之想,如果人可以深明本无之理,便可以去除这种执着的异想了,"一切诸法本性空寂",所以叫作"本无"。虽然道安所理解的般若性空还是受到了魏晋玄学"以无为本"很大的影响,但是他已经意识到了佛教所说的"空"似乎并不同于道家所主张的实体化的"无"。曾受学于他的僧睿说道安"标玄旨于性空",这在当时缺乏经论确说的格义佛教局面下是有很大的进步意义的。

苻坚是前秦的皇帝,是一位非常有作为的君主,苻坚信仰佛教,非常仰慕道安法师,在其弘法襄阳的时候,就曾遣人送佛像、法器给

《慕容垂投苻坚》插图
明代刊印《东西晋演义》中的插图，描绘鲜卑势力的慕容垂投降前秦，前秦君主苻坚亲自在郊外迎接的场面

道安。苻坚曾称赞道安法师"神器"，想将其笼络至身边来辅佐自己。后来苻坚派兵攻占襄阳后，竟对人说："朕以十万之师取襄阳，唯得一人半……安公一人，习凿齿半人也（因习凿齿有脚疾，故被称为半人）。"到了长安之后，道安被苻坚安排住在五重寺，来寺从其学佛者达数千人之多，可见道安法师之名震天下。在道安之前，汉地的僧人都是以各自师父之姓为姓，到了道安这里，既然佛教徒以释迦牟尼佛为本师，那么就应当一概以"释"为姓。后来《阿含》传入，经文有讲无论何种姓之人，既然出家为沙门，便皆为释种。道安之见与经契符，汉地僧人以释为姓，自此而始。道安在长安弘扬佛法，时人有"学不师安，义不中难"之说，可见对其推重之至。后来苻坚想要进攻东晋，道安为天下苍生进言劝谏，但苻坚执意兴兵，终致兵败身死。前秦建元二十一年（385年），道安法师在长安五重寺圆寂西去。

虽然道安法师自己不懂梵文，但是在译经的组织工作、翻译理论、

三 汉传佛教的译经事业 | 53

撰写经录等方面，他为佛经的汉译事业做出了前所未有的巨大贡献。在长安的这一段时间里，道安除了讲法授徒之外，还在苻坚的支持下主持译场，翻译佛经。先前的译师译经，就经常采取译师与助手合作的方式，由译师口述，助手笔录并加以整理润色，如前文提到过的竺法护与聂承远、聂道真父子即是一例。道安法师在长安主持的译场，虽然还不完全属于官办的性质，但获得了朝廷的支持。道安组织译经态度谨严，不但亲自参与，还对译出的经文加以考订，有需要商榷之处便要求做进一步的修改。在道安的主持下，有昙摩难提翻译了《中阿含经》、《增一阿含经》、《三法度论》，有鸠摩罗佛提翻译了《毗昙心论》、《四阿䥶暮抄》，有僧伽提婆翻译了《阿毗昙八犍度论》，有昙摩蜱翻译了《摩诃钵罗蜜经抄》，有耶舍翻译了《鼻奈耶》，译出了大量经典。

道安对于佛经翻译有很深的研究，在他为昙摩蜱翻译的《摩诃钵罗蜜经抄》所作的序中提出了著名的"五失本，三不易"之说。"五失本"是指：

第一，梵语与汉语的语法结构不同，译梵为汉，颠倒了梵语原文句中词语的先后，这是"一失本"。

第二，梵语佛经的语言风格较为质朴，而汉地之人喜欢华美的文风，因此为了得到汉人读者的认可，译者在翻译的过程中多加润色修饰，这是"二失本"。

第三，梵语表述经常将表达同样意思的句子多次反复，不厌其烦，汉译译者对此常常加以删减，这是"三失本"。

第四，梵语的经文有重颂，就是以一定的格式、一定的篇幅将先前长行文字中所说的意思复述一遍，这在翻译的时候删而不存，这是"四失本"。

第五，梵语佛经在说完一件事之后，将要说另一件事之前，常常为了铺垫又把先前那件事再说上一遍，这也通常被译者删减掉，这是"五失本"。

"三不易"是指：

第一，佛陀演说经文是随顺当时世人而述，现在时代遥隔，古今习俗迥异，而删改古雅之辞来适应现在的读者，这是"一不易"。

第二，古时佛陀及诸圣弟子所说之微言大义，要翻译、传达给现在的凡愚世人，这是"二不易"。

第三，当年以阿难、迦叶为首的大弟子结集经论，都是有神通的大阿罗汉，尚且无比仔细，而却要后世平凡之人来翻译，这是"三不易"。

可见，将梵文的佛教经典翻译为汉语，文字不同，写作习俗不同，读者的阅读要求不同，时代不同，作者译者水平不同，这样的种种困难摆在面前，必然导致翻译之中信息有所流失，而道安"五失本，三不易"翻译理论的提出，被其后译者作为翻译事业之指针，警醒后人不可掉以轻心。

道安对于汉译佛经的另一个重要贡献在于经录的撰写上。道安一向重视搜集先前译出的佛教典籍，但是他发现自己所面对的是一个非常混乱的情况，有的汉译典籍标出了译者、译时，有的没有；有的篇章完整，有的已是残品；甚至有疑伪的文字出现。因此，他决定整理出一个经录出来。道安经录原名不详，后人根据他所说"难卒综理，为之录一卷"之语，将其命名为《综理众经目录》，简称为《道安录》或《安录》。《道安录》自身今已不存，但是南朝梁代僧祐的《出三藏记集》是在此基础上扩充而成的，由此我们尚可见《道安录》之大概。据《出三藏记集》推断，《道安录》分为译者明确之典籍的"经律论录"，译者不明之典籍的"失译经录"、"凉土异经录"、"关中异经录"、

"古异经录",内容可疑之典籍的"疑经录",以及道安著作的注释性典籍的"注经及杂经志录"几个部分,为后世经录之轨范,对于后世目录学之发展具有重大的意义。

前秦道安之后,促进汉地译经事业之大师,则必当首推后秦之鸠摩罗什。鸠摩罗什是我国佛教翻译史上的四大译师之一,天竺人,意译为童寿,生于343年,其家世代于天竺担任宰相,到了他父亲鸠摩罗炎的时候,他的父亲无意于官位,因而出家,远避龟兹。龟兹国王非常欣赏鸠摩罗炎,不但亲自至郊外迎接鸠摩罗炎并请为国师,而且还逼着他和自己的妹妹结为夫妻,生有鸠摩罗什和弗沙提婆兄弟二人。鸠摩罗什的母亲后来出家为尼,鸠摩罗什七岁的时候也出家,并随母亲一同前往罽宾(今克什米尔一带),跟从大德槃头达多学习杂藏以及《中阿含经》、《长阿含经》。鸠摩罗什聪明非常,受到当地国王的礼敬。后来他随母亲返回龟兹,途经沙勒,在那里学习了说一切有部的《发智论》"一身六足"论以及《增一阿含经》。在沙勒,他受国王之邀而升座说《转法轮经》,从此名声大噪。这时,有罽宾僧人佛陀耶舍来到沙勒,鸠摩罗什便师事之,学习梵文、吠陀、五明、历法等,积累了大量的学识。于此,又遇到莎车国大乘僧人须利耶苏摩,学习《阿耨达经》,觉悟大乘空义,更学大乘中观派重要论典《中论》、《百论》、《十二门论》等,从此确定了他般若中观的法义倾向。后鸠摩罗什再次见到他

清代线刻的后秦罗什像
后秦鸠摩罗什尊者(343～413年),印度人,生于龟兹(今新疆库车),中国佛教史上四大译师之一,聪明绝顶的佛学大师

之前的师父槃头达多，并为槃头达多讲解大乘佛法，往复辩论一月余，槃头达多竟为他折服，改宗大乘，并说："和尚是我大乘师，我是和尚小乘师。"后鸠摩罗什于途中被龟兹国王亲自迎接回国，二十岁时正式受戒，并又进一步学习了律藏以及大乘经论。后来他的母亲又前往印度，临行之前劝勉他今后要去中土弘传佛法，鸠摩罗什毅然相诺。

而这时，远在中土，经留学龟兹的汉僧之口，鸠摩罗什之名也开始传播开来。建元十八年（382年），苻坚遣吕光带兵攻打西域，并要求吕光攻下龟兹之后马上将鸠摩罗什送入关中。两年后，吕休攻陷了龟兹，但是他并不信佛，也不理解鸠摩罗什之重要非凡，不但对他常加戏弄，还强迫他和龟兹国王的女儿结婚。第二年苻坚兵败身亡，吕光在凉州自立为王，鸠摩罗什也随至凉州，竟滞留十余年，直到后秦之主姚兴攻打凉州，凉主吕隆兵败投降，他才终于被迎入关中。

后秦君主姚兴信仰佛教，并且对于弘法译经之事极为热心，鸠摩罗什到了长安，姚兴对他推崇备至，以国师之礼待之。由于旧译经典存在着种种不足，姚兴请他再译经文，鸠摩罗什便入逍遥园西明阁译经。鸠摩罗什久浸佛法，学识渊博，而且梵文、汉文无不精通，很快便发现了前人所译的经典之所以意理上存在着这样那样的错误，是因为翻译的时候不能完全译得梵文本旨。姚兴派遣了八百余名当时的知名僧人帮助鸠摩罗什译经，为他创建了中国历史上第一个官办性质的大规模佛教译场。鸠摩罗什边译经边讲经，传播大乘般若中观佛法，后卒于长安。他圆寂前曾立誓说："如果我所传译之经论没有错误，那么应当在我身体火化之后舌头不会焦烂。"果然，在鸠摩罗什的身体依照佛教习俗荼毗之后，只有舌头没有烧毁。后更有外国比丘至此，告诉大家说，实际上鸠摩罗什甚至还没有来得及将他所谙之佛法传出十分之一。鸠摩罗什门下杰出弟子众多，其中著名者，有"四哲"道生、僧肇、道融、僧睿，以及昙影、僧导等，后吉藏法师之三论宗，即导源自罗什。

鸠摩罗什为中国四大译师之一，所译经典无论数量还是质量，都非同凡响。其译经不但文采斐然，而且将经论的意义表述得非常精准，他的弟子僧肇曾记其译经时"手执梵文口自宣译，道俗虔虔一言三复，陶冶精求务存圣意，其文约而诣，其旨婉而彰，微远之言于兹显然矣"。前人译经，由于语言、文化上的隔阂和专业词汇的缺乏，为了使中土

鸠摩罗什寺塔

甘肃武威的鸠摩罗什寺塔，鸠摩罗什的舌舍利即存放于此。相传鸠摩罗什圆寂前曾立誓说："如果我所传译之经论没有错误，那么应当在我身体火化之后舌头不会焦烂。"果然，在鸠摩罗什的身体依照佛教习俗荼毗之后，只有舌头没有烧毁

人士能够较为方便地接受佛教义理，常借用老庄玄学的说法来说明佛教的道理，如《高僧传》言"以经中事数拟配外书，为生解之例"，用中国思想中的固有概念来解释替换印度佛教中的概念，这种方法叫作"格义"。如译"安般守意"为"清净无为"，译"涅槃"为"无为"，都属于以"格义"法译经的例子。前文提到的尝试对大乘般若学做出阐释的"六家七宗"就是格义佛教的典型。这种方法对于佛教传播的初始阶段有很大的益处，可以促进汉地对来自异文化的佛教的接受，但是并不利于长久的发展，如果不早加纠正，便很可能会造成后期的畸形发展而违背佛陀本意。道安在一开始亦以格义之法说明佛理，后来深感这种方法容易导致理解上的误差，而且很难纠正，曾言"先旧格义，于理多违"，因此主张谨慎审虑印度佛法本意。到了鸠摩罗什这里，摒弃了"格义"之法，"考校正本，陶练复疏，务存论旨，使质而不野，简而必诣，宗致划尔，无间然矣"，严格地全力展现经文本旨。"格义"之法自道安、鸠摩罗什之后便废弃不用。鸠摩罗什译经风格总体上偏重于意译，凭借着他对梵文、汉文的精通，在对经文内容、意义深刻理解的基础上，以极富文学色彩的文字将经文转译出来。鸠摩罗什译经，不但是中国佛教史上的盛事，而且还是中国文学史上之幸事，即使是如《金刚经》前后有六种异译本，尽管其中包括真谛、玄奘、义净诸大师之译本，但仍以鸠摩罗什之译本为第一，最为流行。近代梁启超先生赞鸠摩罗什为"译界第一流宗匠也"。

《出三藏记集》记鸠摩罗什译经凡三十五部，二百九十四卷（同书又记为三十二部，三百余卷，别书或有另说，无确数，据吕澂先生刊定，现存三十九部，三百一十三卷），有新译有重译，其中多为世人所熟知之通行版本，包括《摩诃般若经》、《小品般若经》、《法华经》、《金刚经》、《维摩诘经》、《阿弥陀经》、《首楞严三昧经》、《十

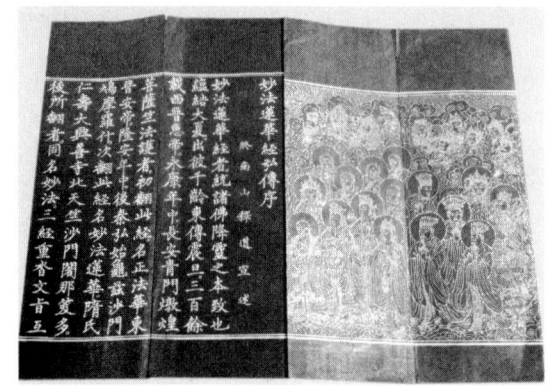

手抄《妙法莲华经》
《妙法莲华经》，简称《法华经》，后秦鸠摩罗什译，本经弘扬"会三归一"，所谓声闻、缘觉、菩萨三乘的区分其实都不过是佛的方便教法，最终真实的只有一个佛乘。《法华经》是天台宗立说的主要依据

住毗婆沙论》、《十诵律》，小乘佛教后期论典《成实论》，以及印度中观学派龙树之《中论》、《十二门论》、《大智度论》和提婆《百论》四部根本论典。鸠摩罗什翻译的经典为汉传佛教的进一步发展提供了丰富的养料，他偏重于大乘般若中观之学，所译高质量般若类经以及中观学派论典为汉地学佛之人能够准确理解印度大乘佛法以及中观之学提供了条件，《法华经》与《中论》、《十二门论》、《百论》更是成为了后来兴起的天台宗与三论宗的根本所依经论。

鸠摩罗什之师佛驮耶舍后也因其推荐而被姚兴请入关中，师徒二人常共相议。佛驮耶舍译出《四分律僧戒本》，又与竺佛念一同译出广本《四分律》及《长阿含经》。此外同时译师尚有弗若多罗、昙摩掘多、昙摩流支等人。

北凉译经亦有可圈可点之处，如昙无谶法师，中天竺人，自幼出家，本学小乘，后遇白头禅师而得《涅槃经》，改宗大乘，并也因此着力弘传《涅槃》。昙无谶后至西域，因其擅长咒术而被称为"大咒师"。北凉玄始十年（421年）到达北凉姑臧，学习汉语三年后在慧嵩、道朗的帮助下开始译经，译出《大涅槃经》，即世称"北本涅槃"，又有《大方等大集经》、《金光明经》、《大云经》、《菩萨戒经》、《菩萨戒本》、《菩萨地持经》、《优婆塞戒经》等十余部，共百余卷。北魏君主拓跋焘听说昙无谶精通异术，遣使赴北凉索要昙无谶。北凉君主沮渠蒙逊惧怕北魏，但又担心昙无谶今后会不利于自己，因而假意放行，后派人在途中将昙无谶刺杀。

东晋

这一时段的南方，正处于东晋的统治之下，佛教被社会普遍接受，翻译事业也较为兴盛。有僧伽提婆，北天竺罽宾国人，先在长安，后受庐山慧远之请南渡入晋，前后译出《中阿含经》及多部毗昙类论典。佛驮跋陀罗，天竺迦毗罗卫国（今尼泊尔国境内）人，先在长安，后应慧远之请南渡入晋，曾加入慧远莲社。佛驮跋陀罗后到建康，译出六十卷本《华严经》，世称"六十《华严》"，又与法显共译《摩诃僧祇律》、《大般泥洹经》等，且佛驮跋陀罗偏重禅学，译有多种讲解禅法之经典。此外天竺、西域所来译师尚有昙无兰、迦留陀伽、竺难提等人。

而东晋的译经事业，有两位汉僧不可不提，一是西行求法的法显，一是庐山慧远大师。法显，俗姓龚，平阳郡武阳人，自幼出家，二十岁时正式受比丘戒，常感慨于汉地佛典不全，因而立志西行求法。后法显以六十五岁之高龄出发，十余年后由海路回到中土，带回《摩诃僧祇部律》、《萨婆多部钞律》、《杂阿毗昙心论》、《大般泥洹经》、《摩诃僧祇阿毗昙》、《弥沙塞律》、《杂阿含经》及《杂藏经》等众多梵本。抵达建康后,法显与天竺僧人佛驮跋陀罗共同译经,译有《摩诃僧祇律》、《大般泥洹经》、《杂阿毗昙心论》等,并著有游记《佛国记》,记录其游历印度及中亚时之所见,为后世的历史研究提供了重要资料,而其带回之《杂阿含经》梵本后由求那跋陀罗译出。

慧远,俗姓贾,生于334年,卒于416年,雁门楼烦(今山西省原平市)人。少时精通儒家及老庄之说,后因参见当时高僧释道安,心生仰慕,便随之出家为僧,深得道安般若学之精髓。其时兵燹四起,道安法师随苻坚赴长安后,慧远率众南下入于庐山,居东林寺,长居庐山三十余年,如需送客便以虎溪为界而不出山。元兴元年(402年),与慧永、道生等大德,刘遗民、雷次宗等居士,共百余人于无量寿佛前立誓,愿共生净土,结白莲华社。当时戒、定、慧三学之弘扬都不可不念慧远大师之力,著有《沙门不敬王者论》等,弟子有慧观、昙邕、法安等人。

慧远法师像

慧远法师(334~416年),雁门楼烦(今山西原平市)人,俗姓贾,东晋高僧,中国净土宗初祖,庐山白莲社创始者。慧远虽然自己不通梵文,无译经之能力,但热心推动译经事业

《庐山观莲》
清代画家上官周《人物故事图》册中之一的《庐山观莲》，描绘了东晋僧人慧远于庐山结白莲社，与当时高僧贤士相交往、共修净土的场景

慧远虽然自己不通梵文，无译经之能力，但热心推动译经事业，如上文提到的僧伽提婆和佛驮跋陀罗，就是应慧远之邀而南下译经，《出三藏记集》曾赞叹说："葱外妙典，关中胜说，所以来集兹土者，皆远之力也。"除此之外，慧远对于佛经翻译亦有自己之见解，提出了"厥中"之说。慧远考察之前的汉译经典，要么偏于意译，要么偏于直译，但是意译则"文过其意"，直译则"理胜其辞"，各有所失，因而主张"详其大归，以裁厥中"。过于注重文采，则有可能有失于经义，佛法正理反被铺张华美的文字所掩；过于强调质直，则难以展现梵文原典说法精妙之风采，且不利于吸引读者。在这样的考虑下，慧远提出的折中策略是："简繁理秽，以详其中，令质文有体，义无所越。"

三 汉传佛教的译经事业 | 63

南北朝

420年，东晋将领刘裕篡位，建立宋国，中国历史上的南北朝时期开始，439年魏太武帝拓跋焘统一北方，正式形成了南北对峙的局面，直至589年，隋朝灭陈，完成统一。在鸠摩罗什圆寂之后，佛驮耶舍返回罽宾，昙无谶被杀，北方佛教开始走下坡路。446年和574年，更是先后发生了北魏太武帝和北周武帝灭佛事件，北方佛教由此元气大伤。而南方佛教在这一段时间内却获得了空前的发展，不但民间佛教信仰浓厚，而且王室公卿也多有虔信，如"皇帝菩萨"梁武帝四次舍身兴佛，杜牧诗中言"南朝四百八十寺"，并非夸张之辞。自然，南方译经之兴盛，也绝非北方之寥落可比。南北朝阶段之重要译师，有求那跋陀罗、真谛等。

求那跋陀罗，意译为功德贤，中天竺婆罗门种姓，自幼博闻强识，后因阅读《杂阿毗昙心论》而皈信佛法，受具足戒。求那跋陀罗先学小乘，后转向大乘，尤精于《大品般若经》、《华严经》等。南朝宋元嘉十二年（435年）经海路由斯里兰卡来到广州，宋文帝刘义隆派人将其迎接至建康。求那跋陀罗在南方弘法，深受时人敬仰，甚至被大将军彭城王刘义康、丞相南谯王刘义宣敬拜为师。求那跋陀罗在宝云、慧观等义学僧人的帮助下译经，其所译经典偏向大乘瑜伽行派及如来藏一系，包括《胜鬘经》、《相续解脱经》（系《解深密经》部分内容之异译）、《楞伽经》、《央掘摩罗经》、《大法鼓经》等数十部，先前由法显所取回之《杂阿含经》，亦由其译出。

真谛法师，是我国四大译师之一，与鸠摩罗什、玄奘法师齐名。真谛，音译为波罗末陀，又名拘那罗陀，意为亲依或家依，如唯识宗窥基法师即在其著作中以"家依三藏"称呼真谛,西天竺婆罗门种姓。真谛少时游学诸国,尤精大乘佛法,以弘法为志。南朝梁中大同元年(546年)由海路到达中国,后至建业,受梁武帝礼敬,但遇侯景之乱,避难东行,于富春(今浙江省富阳市)应县令陆元哲之请,与沙门宝琼等二十余人组织译场译经。后返回建业,译经两年后离开建业。此后的时间里,真谛生活漂泊不定,四处辗转,但仍坚持译事。真谛曾想乘船返回天竺,但遇风阻,停留广州。刺史欧阳颜对他非常敬仰,安排他住在制旨寺,一边译经一边讲经授徒,后于陈宣帝太建元年(569年)圆寂。真谛译有《解节经》、《摄大乘论》、《转识论》、《唯识论》、《十七地论》、《三无性论》、《俱舍论释》、《大乘起信论》、《部执异论》等数十部,由所举之经目可见其翻译偏向于瑜伽行派及俱舍学,其一生译经之备尝艰辛,迥异于玄奘依凭译场之便利。真谛不但长于翻译,而且精于义学,在广州的时间,他向弟子讲授《摄大乘论》《俱舍论》等,希望将其弘扬开去。其间真谛最喜爱的弟子慧恺病亡,他大为悲痛,恐惧《摄大乘论》、《俱舍论》无人弘传,因而召集门下弟子,勉励他们努力弘法,勿令二论断绝。真谛法师一生节俭笃实,持戒谨严,真谛弟子追随先师足迹矢志弘化,弘传《摄大乘论》,形成了"摄论师"一派。

菩提流支,或作菩提留支,意译为道希,北天竺人,北魏永平元年(508年)携大量梵本到达洛阳,受宣武帝礼遇,请入永宁寺,该寺有天竺、西域僧人七百人,而以菩提流支为译经之领袖。后北魏分裂,菩提流支入东魏邺城,继续译经。据传,其所居房间内梵本万夹,到处是译稿。其所译经典包括《佛名经》、《法集经》、《深密解脱经》、《入楞伽经》(即"十卷《楞伽》")、《十地经论》、《法华经论》、《宝积经论》等,其中他与勒那摩提等一同译出《十地经论》,

后世研习者形成"地论师"学派。

除求那跋陀罗、真谛、菩提流支之外,南北朝译师尚有译有《菩萨善戒经》、《杂阿毗昙心论》等的求那跋摩,译有《无尽意经》等的竺法卷,译有《善贱毗婆沙律》的僧伽跋陀罗,译有《宝云经》等的曼陀罗,译有《阿育王经》、《孔雀王陀罗尼经》等的僧伽婆罗,译有《普曜经》等的释智严,译有《正法念处经》等的瞿昙般若流志,译有《佛本行集经》、《添品妙法莲华经》、《起世经》等的阇那崛多等众人。

前文多次提到的僧祐《出三藏记集》便产生于此时。僧祐是南朝梁代僧人,鉴于所译佛教经典越来越多,前之《综理众经目录》、《支敏度录》、《宋齐录》等经录已愈加显得规模不足,因此,僧祐在道安《综理众经目录》的基础上旁征别录,扩充为《出三藏记集》,由于《安录》等早佚,《出三藏记集》是现存最古老的经录。僧祐将全书分为"撰缘记"、"诠名录"、"总经序"、"述列传"四个部分共十五卷,如序中所言:"缘记撰则原始之本克昭,名录诠则年代之目不坠,经序总则胜集之时足征,列传述则伊人之风可见。""撰缘记"书佛教经典之结集及佛典分类等诸问题,"诠名录"为译经目录,系于《道安录》基础之上补充而成,"总经序"收录诸种汉译经典之序文、后记以及若干目录,"述列传"记录历代译师、高僧之传记。《出三藏记集》为后代保留了极其重要的历史资料,且后世之种种僧传、经录,莫不以此书为范本。

两晋南北朝时期,虽战乱不止,但汉地佛法大兴,道安、鸠摩罗什、慧远、真谛等大师群星争耀,佛典翻译从质量上到数量上都有飞跃性的进步,远非东汉三国时期可比。

小知识◎聂承远、聂道真父子

在竺法护长安译经的过程中,有数名汉人作为助手帮忙记录、整理、润色,其中以聂承远和他的儿子聂道真最为著名,比如《超日明三昧经》的原译稿文句繁冗,后经聂承远整理修改后品质甚佳。聂道真则不但懂梵语而且长于文学,除了助竺法护译经,在法护圆寂后更是独自翻译了一些经典。并且,聂道真为竺法护所译典籍编撰目录,即《聂道真录》,或称《竺法护录》。

◎《老子化胡经》

《老子化胡经》为西晋道士王浮伪作,王浮曾与帛远法师辩论佛道而不胜,因而著此。此经是佛教道教长期论战而激烈化的产物,谓老子到天竺转生为佛陀,并教化胡人,将道教地位置于佛教之上,以攻击佛教。《老子化胡经》出现后有《笑道论》、《破邪论》、《辩正论》等先后对其加以批判,唐高宗总章元年(668年)时被焚毁,后又遭严禁。

◎佛图澄

佛图澄为西域龟兹国人,俗姓帛。一代奇僧,《晋书》言其"善诵神咒,能役使鬼神",可做种种神通预言,又精医术,曾以佛法及神通力折服石勒,石勒建立后赵后被封为国师,

清代线刻佛图澄法师像
佛图澄（232～348年），西域人，本姓帛（以姓氏论，应是龟兹人），一代奇僧，时称"大和尚"，弟子有道安、僧朗、竺法汰、竺法雅等

其后又被石虎尊为"大和尚"，世寿达一百一十七岁。佛图澄一生持戒甚严，且弘法甚著，前后从学者几达万人，著名弟子包括道安、僧朗、竺法汰、竺法雅、法首、法祚等。

◎习凿齿

习凿齿是东晋名士，长文学，有史才，著有《汉晋春秋》、《襄阳耆旧记》等书，是道安法师的好朋友。相传两人第一次见面的时候，习凿齿自道姓名说"四海习凿齿"，道安答曰"弥天释道安"，一时传为美谈，而"弥天释道安"之名也从此成为了世人对道安法师的尊称。

◎ 六家七宗

六家七宗是指我国东晋时期因对于般若性空有不同的解释而形成的七个派别，即作本无宗、本无异宗、即色宗、识含宗、幻化宗、心无宗、缘会宗七者（合作本无宗、本无异宗两派与其他五派并谈而为"六家"）。其代表人物分别为道安、竺法深、支道林、于法开、道壹、支愍度、于道邃。

◎ 吠陀

吠陀，又译作韦陀、毗陀、智论、明论等，为印度婆罗门教根本经典，分为四种，即先有之《梨俱吠陀》、《沙摩吠陀》、《夜柔吠陀》及后加之《阿闼婆吠陀》。印度婆罗门教相信吠陀乃是来自天启，是古代仙人依据天神启示而诵出，婆罗门教后来的一切发展，都以此作为基础。

◎ "什门四哲"

鸠摩罗什门下"四哲"包括道生、僧肇、道融、僧睿4人。道生主张一阐提可成佛以及"大顿悟"之说，对后世影响极大，相传他曾在虎丘山对山石讲经，竟令顽石点头。僧肇，著有述《物不迁论》、《不真空论》、《般若无知论》、《涅槃无名论》，及《宗本义》合为《肇论》，被鸠摩罗什誉为"秦人解空第一"。道融，穷究众经，著有多种义疏。僧睿，为鸠摩罗什所译经典写有大量序文,其中保存了大量有关般若中观学的重要资料。

◎法显求法路线

399年(一说400年),法显与数名同伴一同出发,经河西走廊,过和阗,翻越葱岭进入北印度,南下渡过印度河,行至弗楼沙(今白沙瓦地区)。此时他的同伴或亡故或折返,只剩下他与道整两人。他们又向南,入中印度的摩揭陀国,至其首都巴达弗邑,于此学习梵语并抄写经律三年。后再南行,到达东印度,停留几年后渡海至斯里兰卡。此后由海路回国,但多次遭遇海难,直到412年到达青州(今山东),第二年前往建康,开始译经。法显求法之艰辛,比于玄奘法师,实有过之而无不及。

佛国记
法显由于感慨汉地佛典不全,因而立志西行求法,经十余年后回国,后著《佛国记》,记录自己游历印度及中亚时之所见

◎ "四卷《楞伽》"

《楞伽经》汉译本有三种：一即南朝宋求那跋陀罗所译，四卷本，称"四卷《楞伽》"；二为北魏菩提流支所译十卷本，称"十卷《楞伽》"；三是唐实叉难陀所译七卷本，称"七卷《楞伽》"。其中求那跋陀罗所译之四卷本意义特大，早期禅宗之形成即依托于此，相传达摩曾授慧可四卷本《楞伽经》，并说："我观汉地，唯有此经，仁者依行，自得度世。"惠能南宗禅之前的禅宗祖师被称作"楞伽师"，净觉《楞伽师资记》更是将求那跋陀罗作为第一代祖师。

◎《大乘起信论》

《大乘起信论》是马鸣菩萨著，有真谛及实叉难陀两个译本，讲说如来藏缘起，万法皆源于一如来藏心，一心开出心真如门、心生灭门二门，体、相、用三大，以及修行上信根本真如及佛、法、僧三宝之"四信"，布施、持戒、忍辱、精进、止观之"五行"。此论对于后世产生了很大的影响，但是对于其真伪，相当多的人一直持怀疑的态度，直到近代，欧阳竟无的支那内学院和太虚法师的武昌佛学院还兴起了一场关于《大乘起信论》真伪问题的激烈讨论。

3. 隋唐时期

581年北周静帝宇文阐禅让帝位于丞相杨坚，隋朝建立。589年，隋军攻陷建业，灭亡南朝陈，统一南北。隋朝之于中国佛典汉译史，除达摩笈多等译师外，提出"十条八备"说之彦琮法师，亦有非常之意义。

隋代

隋代短命，三十八年既终，但译经不少，隋炀帝还曾在洛阳上林园设立译经馆组织译经，在此时段译经之译师，有达摩笈多、达摩般若、毗尼多流支等人。其中达摩笈多为南天竺刹帝利种姓，二十五岁时受具足戒，学习大小乘经论，后游历诸国，又与六名同伴结伴东游，于隋文帝开皇十年（590年）到达长安。达摩笈多先在长安大兴善寺译经，后隋炀帝以洛阳为东都，并开上林园译经馆，达摩笈多遂入馆译经。达摩笈多译有《大方等大集菩萨念佛三昧经》、《大方等善住意天子所问经》、《缘生经》、《药师如来本愿经》、《起世经》、《金刚经》、《菩提资粮论》、《摄大乘释论》等十部六十六卷，其先前游历见闻，由彦琮记录成书，即《大隋西国传》。

上文提到的撰录《大隋西国传》的彦琮法师，是我国翻译史上的一位重要的理论家。彦琮，赵郡（今属河北省）人，俗姓李，十岁出家，原本法名道江。十二岁时便讲席。十四岁时受北齐皇后召之请讲《仁王经》。北齐灭亡，他被北周武帝召为通道观学士，侍讲《老子》、《庄子》、《周易》等，但北周武帝不喜佛教，因此他只能内穿僧袍外披俗衣，虽然入朝为官，但于戒行丝毫无损。在这一时期，他改名为彦琮。二十五岁时，正式落发。入隋之后，先住大兴国寺主持译经，后入洛阳上林园译经馆，世寿五十四岁入灭。彦琮曾与陆彦师、薛道衡、刘善经等人合著《内典文会集》，另有《众经目录》、《辩正论》、《唱导法》、《大隋西国传》、《达磨笈多传》、《通极论》、《通学录》、《福田论》、《僧官论》、《慈悲论》等，著作颇丰，并译经二十三部一百余卷。

彦琮在参与译经的过程中，发现汉地译师在译梵为汉的存在着许多问题，因而著《辩正论》，阐述自己的翻译理论。之前道安、慧远等人的译经见解只是附于为译经所写的序文之中，彦琮的《辩正论》是中国佛典翻译史上第一篇的专门论文。在《辩正论》中，彦琮提出了他的"十条八备"之说。彦琮先是引述了道安法师"五失本，三不易"，但是在对道安法师高度赞誉的同时，彦琮也指出了道安法师的不足，即用与一般的译师一样，将"真圣之苗"的"梵"与"杂戎之胤"的"胡"相混淆。在彦琮看来，真正要使汉地之人无不明解法义，令佛法流布中土，应该"五天正语充布阎浮，三转妙音并流震旦，人人共解，省翻译之劳，代代咸明，除疑网之失"，也就是说，要汉地人人均学梵

隋代泥佛像

制作于隋代仁寿二年（602年）的泥佛像，左侧为其正面图案拓片及背面铭文拓片，现收藏于中国国家博物馆

语通梵文，但这是不可能的，因而必须需要译师谨慎翻译，流传正法。于此，彦琮列举"十条"，包括"字声一、句韵二、问答三、名义四、经论五、歌颂六、咒功七、品题八、专业九、异本十"，译经者应当从这十个方面入手进行翻译。彦琮对前人的译经事业进行了梳理，在检讨前人的基础上，提出了关于译才的"八备"之说：

第一，"诚心爱法，志愿益人，不惮久时，其备一也"，即是要求译者能够一心向佛，矢志弘法。

第二，"将践觉场，先牢戒足，不染讥恶，其备二也"，即是要求译者遵守戒律，行为没有污点，才可以进入译场。

第三，"筌晓三藏，义贯两乘，不苦暗滞，其备三也"，即是要求译者通晓经律论三藏、大小二乘种种义理，对佛法没有滞塞不解之处。

第四，"旁涉坟史，工缀典词，不过鲁拙，其备四也"，即是要求译者旁通中国经史，并有很好的文学素养。

第五，"襟抱平恕，器量虚融，不好专执，其备五也"，即是要求译者度量好，不独断，不固执己见。

第六,"沉于道术,澹于名利,不欲高衒,其备六也",即是要求译者专心佛法,淡泊名利,不贪图富贵,刻苦钻研。

第七,"要识梵言,乃闲正译,不坠彼学,其备七也",即是要求译者精通梵文,懂得将梵本转译为汉语之法。

第八,"薄阅苍雅,粗谙篆隶,不昧此文,其备八也",即是要求译者懂《苍颉》、《尔雅》等中国古代文字学著作,对汉语文字有所擅长,保证所译之汉文通畅明白。

"八备"或从道德品行方面来谈,或从学识素养方面来谈,彦琮认为"八者备矣,方是得人",只有具备了上述八种素质,才符合了一个合格译师的标准。

隋朝时有费长房居士,本出家为僧,后在北周武帝毁佛时被迫还俗,曾多次参与译经担任笔受,其所作《历代三宝纪》为佛教史上的又一部重要经录。

唐代

618年,李渊称帝,建立唐朝。唐高祖李渊曾大力兴建寺院,太宗李世民也是对佛教宽容支持,其后的唐高宗、女皇武则天更是全力兴佛,汉传佛教于此时进入全盛,撇开各宗派的兴盛暂且不谈,玄奘、实叉难陀、菩提流支、义净、不空等大译师皆是成绩斐然。

提起玄奘法师,我们就不得不提起一部广为人知的古典文学作品,那就是中国四大名著之一的《西游记》。小说中一直为人们所津津乐道的唐僧取经的故事,并不只是作者天马行空的文学创造,其实际上就是玄奘法师西行印度学习瑜伽行派学说并搜集梵文原版经典的故事。

清代线刻的玄奘法师像

玄奘法师，本名陈祎，河南洛州缑氏县人，生于600年，卒于664年，是中国佛教历史上最杰出的译师、最伟大的僧人之一

玄奘法师，本名陈祎，河南洛州缑氏县人，生于600年，卒于664年，是中国历史上最伟大的僧人之一，名列中国佛教四大翻译家。他天性聪明，又勤奋好学，年少时就已经对当时中国所流传的各种佛教经典了如指掌。但是他并没有因此觉得满足，由于觉得当时各家的讲法相互间经常矛盾重重，异说纷纭，玄奘法师发大誓愿要西行求法，以改变这种莫衷一是、无所适从的局面。于是，玄奘法师开始了他传奇性的漫漫西行路。

唐太宗贞观元年（627年），玄奘法师从长安出发，向西经甘肃地区度过玉门关，再经大沙漠到达吐鲁番地区，再沿天山南麓西行，翻越天山，向西行直至撒马尔罕，由此转向南，经被称为大雪山之今兴都库什山，向东南行，进入了印度。玄奘法师在印度四处游学，搜集梵本，曾从学于般若跋陀罗、胜军居士、戒贤三藏等大德。后应戒日王之请，玄奘于曲女城开无遮大会，辩论佛法，立"真唯识量"，无人能撄其锋，名震天竺，被小乘僧众尊为"木叉提婆"（意为"解脱天"），大乘僧众尊为"摩诃耶那提婆"（意为"大乘天"）。贞观十七年（643年）春，玄奘携带六百五十七部佛教经典，经今巴基斯坦、阿富汗，翻越帕米尔高原，沿塔里木盆地回国。玄奘西行，共计行程五万里。

返回长安后，被唐太宗赐号"三藏法师"，太宗曾两次劝他还俗参政来辅助自己，玄奘均以"愿守戒缁门，阐扬遗法"回绝。在唐太宗的支持下，玄奘组织了极大规模的译场，翻译他从印度所带回的大量佛教经典。这期间，唐太宗先是安排法师住在弘福寺，后又改住大慈恩寺，并且建塔来保存大师取回的佛教经论，这就是后来为我们所熟知的大雁塔。在翻译完六百卷《大般若经》后，玄奘大师感觉自己似乎体力已近衰竭，便不再继续翻译了。唐高宗麟德元年(664年)初，玄奘大师染病，病中令弟子嘉尚将其所译经论以及造像、写经、供养、施舍等项集录为文为其宣读，听后玄奘对自己这一生很满意，不久便圆寂了。

玄奘纪念馆前的玄奘雕像
印度比哈尔邦那烂陀玄奘纪念馆前的玄奘雕像，展现了艰辛求法途中的玄奘大师形象

玄奘大师翻译经论达七十五部、共一千三百三十五卷，其十九年的译经事业，可以分作三个阶段：第一个阶段，在太宗贞观末年，大概五年的时间里，翻译出了印度大乘瑜伽行派的《瑜伽师地论》、《摄大乘论》、《五蕴论》、《辩中边论》、《显扬圣教论》、《阿毗达磨集论》等"一本十支"；第二阶段，在唐高宗永徽、显庆年间约十年的时间里，翻译出《俱舍论》《大毗婆沙论》《顺正理论》和《发智论》等"一身六足"之系统相关论典；最后一个阶段，四年时间里，以翻译全部六百卷《大般若经》为中心。在这期间里，他还曾应天竺请求，将道家的《老子》以及相传为马鸣论师所著但印度梵本已经佚失的《大乘起信论》译成梵文，传至印度。

三　汉传佛教的译经事业｜77

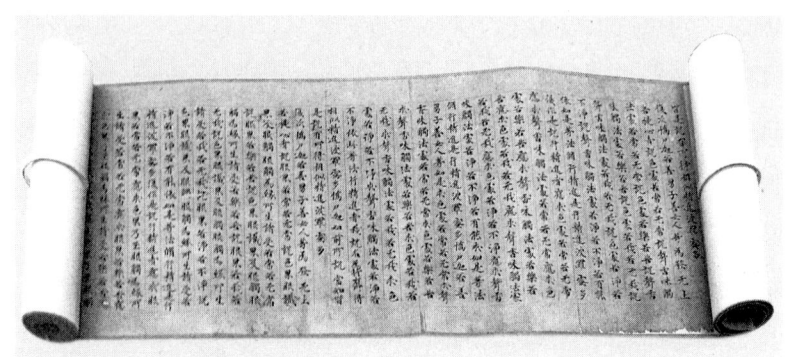

唐写本《大般若经》
玄奘法师所翻译的《大般若经》，唐代写本，发现于甘肃敦煌莫高窟

  在玄奘所翻译的众多经典之中，有很大的部分是属于印度瑜伽行派即唯识学的，比如《解深密经》、《瑜伽师地论》等，而在翻译印度唯识学十大论师的种种说法时，法师的弟子窥基害怕会因为唯识学复杂烦琐使后学无所适从，便请玄奘法师采取编译的方式，杂糅印度十大论师的唯识学主张，而以护法论师为主。这个建议得到了法师的赞同，于是便有了现在我们所能见到的十卷本的《成唯识论》，并由窥基法师按照玄奘的传授作《成唯识论述记》，注解此论。在对这些瑜伽行派典籍进行传译的基础上，成立了汉传佛教的法相唯识宗。

  玄奘自幼学识渊博，文学功底自不待言，西行求法游学印度十七年，甚至取得了无遮大会辩论的胜利，可见他的梵文水平也是非凡的，但是，玄奘并不是单枪匹马地一人单干，他在唐太宗的支持下组织译场，其设置之完备，远非前代可比。唐太宗贞观十九年（645年），玄奘入长安弘福寺译经，由朝廷供给一切财物所需。当年三月，由梁国公房玄龄发文征召全国上下所有寺院中擅梵文通佛法、持戒无损的高僧大德同集长安助玄奘译经，在严格的筛选之后，组成了阵容极为强大的译经团队，其中包括道宣、神昉、嘉尚、普光、神泰、玄应等名垂千古之法门龙象，玄奘译经实可谓佛门千载盛事。玄奘译场译经流程如下：

第一，译主：就是译场的主要负责人，必须精通梵文、汉语以及各种经论义理，负责解决翻译中的疑难等，主导译经工作。

第二，征义：是译主的助手，协助勘定已译成的文字是否符合梵本原意，保障正确。

第三，证文：也叫作证梵本，在译主宣读梵本时，检查是否与梵语原文相出入。

第四，书手：一称度语，把梵文改写作汉文。

第五，笔受：把梵文意义翻译成汉文的意义。

第六，缀文：对翻译出的文字进行整理，以使其符合汉语的语法结构。

第七，参译：校勘原文是否有错误之处，并用译文反过去对证原文以进行检查。

第八，刊定：刊定译成的字句，去除繁杂冗余的内容，使其简洁明白。

《玄奘译经图》
保存于西安大雁塔的《玄奘译经图》，描画了当年玄奘大师翻译从印度带回的佛教经典时的场景

第九，润文：对译成的文字进行再加工，保证流畅以利于阅读。

第十，梵呗：翻译完成后以梵音唱念，修正音节来方便传诵。

此外，唐太宗委派赵郡王李孝恭为监译官，而梁国公房玄龄则任监护大使，全力保障译场工作。如其翻译《瑜伽师地论》时，有包括玄奘、译经负责监阅的官员徐敬宗在内一共二十二人参加。玄奘译经，可以算得上是极尽天时、地利、人和。

玄奘译经水平极高，比如曾参与玄奘译场的道宣法师在《续高僧传》记言："今所翻传都由奘旨，意思独断出语成章，词人随写，即可披玩。"但是玄奘并不赞成采取过分看中文采的意译方式，曾批评鸠摩罗什等先前的译师不完全一板一眼落实原文而只求"达意"的译法，强调译文的忠实、精准。玄奘法师还曾提出"五不翻"的翻译标准：

第一，"秘密故不翻"，比如"陀罗尼"一类的秘密咒语。

第二，"多含故不翻"，比如"薄伽梵"一词意义丰富，有自在、炽盛、端严、名称、吉祥、尊贵六种层次不同的意思，而其中任意一个意思，都无法全面地表达"薄伽梵"的词义，因而不翻。

第三，"此无故不翻"，比如阎浮树，中国没有，因而保留原词。

第四，"顺古故不翻"，如"阿耨菩提"，虽然这个音译词实际上可以进行翻译，但是古来的译师一直如此使用，读者已经习惯，翻译的话反而容易引起歧义。

第五，"生善故不翻"，比如"般若"一词内含敬意，而如果直翻为"智慧"，则失去了这一层尊重，因而不翻。

什么该翻，什么不该翻，这其中的尺度玄奘拿捏得非常恰当。

玄奘之译经，成为了我国佛典翻译史上的一大分水岭，后人称玄奘之前历代所译之经典为旧译，称玄奘开始之译作为新译。历代的译经师，大都有自己的翻译理念，或强调忠于原文的直译，或强调富于文采的意译，或努力追求"文"与"质"的平衡，每人的风格不同，对"文"、"质"的比例控制各有自己的标准，至于玄奘、鸠摩罗什、真谛等人之间的高下，"文无第一"，也并不是非得要有一个确切的排行的。

唐高宗病逝之后，太子即位，是为中宗，但仅仅过了一个多月，太后武则天改立睿宗，而自己独揽朝政，几年后，武后称帝，建立武周，为中国历史上唯一的女性皇帝。武则天崇佛，称帝之后，便将佛教抬升至道教之上，全力支持佛教，译事亦因此大兴。这一时段从事译经

皇泽寺武则天像

四川广元皇泽寺的武则天像。武则天笃信佛教，曾以《大云经》作为自己登基称帝的依据，且与当时的许多高僧有所交往，如实叉难陀、北宗禅的神秀、华严宗的法藏法师等，法藏的《华严金师（狮）子章》便是为武则天以大殿门口的金狮子为例讲解《华严经》要义，之后集录所成的。武则天在中国佛教史上有着不小的影响

的译师很多，其中最为著名的有实叉难陀、菩提流支、义净等人。

实叉难陀，于阗人，是一名十分博学的僧人，不但通晓大小乘各种经论，而且旁通异学。由于武则天觉得先前东晋佛驮跋陀罗所翻译的六十卷本《华严经》不够完备，恰好听说于阗藏有《华严经》的梵文本，因此便派人前往于阗寻找梵本及译师。在这样的情况下，实叉难陀来到了洛阳，并在洛阳大遍空寺着手翻译从于阗带来的梵本，译出了八十卷本《华严经》。武则天对此十分重视，不但亲临法席，而且为之撰作序文、题写品题。此后，实叉难陀还翻译有七卷本《楞伽经》、《文殊师利授记经》、《普贤所说经》等，据《开元释教录》载，共十九部，一百零七卷。

菩提流支，本名达摩流支，南天竺婆罗门种姓，起初跟随外道出家修行，各种咒术、阴阳之法无不精通，直到六十岁的时候，才舍弃本宗，改信佛教，很快就学有所成。693年他来到洛阳，深得武则天推崇，并被赐名"菩提流支"，意译"觉爱"。在实叉难陀翻译《华严经》的时候，菩提流支曾一同参与，此外译有《大宝积经》、《宝雨经》、《佛境界经》以及密教类的《六字神咒经》、《如意论陀罗尼经》、《不空羂索神变真言经》等。

中国古代佛教史上之四大译师，除鸠摩罗什、真谛、玄奘外，关于第四人之说法有两种，或为义净或为不空，然而不论义净还是不空，其在中国佛典翻译史上之地位都是毋庸置疑的。义净，俗姓张，齐州（今山东历城）人。出于对法显、玄奘的仰慕，他决意西行求法。671年，自广州取海路前往印度，巡礼各处佛教圣迹之后，入那烂陀寺修学十年后返程。途经室利佛逝（今苏门答腊）时，停留七年从事译述，其间曾回广州求得资助，又曾派人将自己撰写的《南海寄归传》以及所译经典送回国。695年，义净回到洛阳，武则天亲自于城东门外迎接。义净西行，历时二十五年，游历三十余国，带回梵本典籍近四百部。回国后，义净开始了他的翻译工作，实叉难陀之翻译《华严经》，他也有所参加，并在其中发挥了非常重要的作用。义净所译之经典，主要集中于律藏，而尤其以说一切有部之律为中心，包括《根本说一切有部毗奈耶》、《百一羯磨》等，在律藏之外，唯识学是他的另一个翻译的重点，他在唯识宗慧沼法师的帮助下补译了玄奘法师未译的《六门教授习定论》、《集量论》、《成唯识宝生论》等许多重要的瑜伽行派典籍。此外，他还译有《金光明最胜王经》、《大孔雀咒王经》、《佛为胜光天子说王法经》等，译出经律论三藏共计五十六部，二百二十九卷。

除上述实叉难陀、菩提流支、义净三人外，此时译师还有提云般若、弥陀山、宝思惟等。

705年，武则天还位于李唐，中宗重登九五，此时最为重要之译事当属中天竺僧人般剌蜜帝入唐译出《大佛顶首楞严经》。此后，历少帝、睿宗而至玄宗李隆基，玄宗早期励精图治，使中国迎来了"开元盛世"的繁荣。此时，有善无畏、金刚智、不空三人先后于开元年间入唐，并称"开元三大士"，传播密宗法门，时人趋之若鹜，即使玄宗也因其延寿知命之术崇信非常，并曾受不空法师灌顶。

首先来华的是善无畏。他原本是印度乌荼国的王子，十三岁继承王位，但他的兄弟们却发动了叛乱，他在平乱之后看透了权势的空无，彻悟尘世的虚幻，于是让位于兄，出家修行去了。善无畏曾拜那烂陀寺高僧摩鞠多为师，学习密法，并受灌顶得"三藏"尊号。在年近八十的时候，善无畏奉师命东行传法，于是在唐玄宗开元四年（716年）来到长安，受到了朝廷的礼遇。善无畏在弟子一行的帮助下翻译了纯密的根本经典《大毗卢遮那成佛神变加持经》，即《大日经》，又译出《苏

金刚智像

河南洛阳龙门石窟景区的金刚智三藏雕像。金刚智（671～741年），"开元三大士"之一，中印度人，在唐开元年间与弟子不空一同来到中国

清代线刻的不空法师像

不空法师（705～774年），斯里兰卡人（或说为北印度人），"开元三大士"之一，金刚智弟子，中国佛教四大译师之一

婆呼童子经》、《苏悉地羯罗经》等。

在善无畏之后来到中国的是金刚智与不空师徒。金刚智，南印度婆罗门种姓，十岁时便在那烂陀寺出家，后从南印度龙智法师学习密教，继善无畏之后三年，在唐开元七年（719年），与弟子不空一同经海路到达广州，第二年进入洛阳、长安，翻译有《金刚顶瑜伽中略出念诵经》、《七俱胝陀罗尼》等数十种。

不空有时也会被列为中国古代四大译师之一。他是金刚智的弟子，斯里兰卡人（或说为北印度人），幼年出家，十四岁时遇金刚智，遂拜为师。开元二十九年（741年），唐玄宗同意金刚智和不空返回印度，但刚走到洛阳，金刚智便圆寂了，不空便奉师遗命，率弟子经斯里兰卡返回印度，一路广泛学习密法，并搜集各种相关经论。唐玄宗天宝五年（746年），不空回到长安，并为玄宗灌顶，广传密教。不空名列中国四大译师，翻译有《金刚顶大教王经》、《金刚顶十八会指归》、《金刚顶瑜伽中发菩提心论》、《仁王般若经》等显、密经论共达一百一十部,一百四十三卷。并且,在善无畏、金刚智、不空"开元三大士"的努力下,创立了汉地的密宗。

除"开元三大士"外,玄宗时期及其后唐朝之译师,有智严、般剌若、牟尼室利、般若等人,其中般若三藏为北天竺僧人,曾入那烂陀寺学习,入长安后奉命翻译早先由乌荼国进贡之《华严经》,得四十卷,即四十卷本《华严经》。

唐玄宗晚年,"安史之乱"起,战火连天,生灵涂炭,唐王朝遭受巨大打击,从此国势日衰,佛教也随之残弱。此后虽有禅宗迅速兴起,但是译经事业已不复往日之荣光了。之后更有"会昌法难",唐武宗废佛,使得当时汉地的佛教惨遭灭顶之灾,无数僧人被强令还俗,无数寺庙被拆撤,无数典籍著述被毁,译经之荒废可想而知。

隋唐时期,汉传佛教经历了它的全面兴盛,却也盛极而衰,为后来中国佛教禅净为主局面的形成埋下了伏笔。这一阶段的佛经翻译,以玄奘法师执其牛耳,是我国佛经翻译史上最后的辉煌年代。

◎震旦

震旦为中国古称,即对于印度等国而言的中国及周边部分地区。梵语原文为 Cina,或译作脂那、真旦、振丹、旃丹、支那、致那等,又称摩诃震旦,"摩诃"即"大"。因此,支那一词本身起初并没有贬义,但是在近代中日甲午战争清政府失败后,日本人以之作为对中国的蔑称,才有了我们现在所厌恶的一层意思。

◎从《大慈恩寺三藏法师传》到《西游记》的演变过程

西游记并不是一个突然出现的作品,而是经过演变,逐渐形成的。从最初的玄奘法师的徒弟慧立、彦悰所作的《大慈恩寺三藏法师传》开始,到《大唐三藏取经诗话》时,已经出现了猴行者这一形象,原本贴近事实叙述的文字开始变得传奇化、神话化。等到了元朝创作的《西游记杂剧》,吸取了大量的民间故事作为补充,孙悟空、神龙马、猪八戒、沙和尚全部正式亮相,而后来《西游记》的一些关键情节,比如大闹天宫、女儿国、火焰山等也出现了。《西游记平话》继续发展,使得原来的情节更加丰富生动。之后吴承恩的《西游记》,作为集大成者,其伟大的文学艺术成就已无需赘述。

◎窥基

窥基法师,本姓尉迟,长安人,生于632年,卒于682年。窥基是玄奘大师最重要的弟子,在玄奘其悉心引导下成为了唯识宗的一代宗主。窥基法师在玄奘大师圆寂后长居于大慈恩寺,专心于传授并著述玄奘大师所传唯识学学说,其著述颇丰,包括《成唯识论述记》、《大乘法苑义林章》、《因明入正理论疏》、《妙法莲华经玄赞》、《说无垢称经疏》等,有"百本疏主"之称。后人曾评价说玄奘大师为"瑜伽唯识开创之祖",而窥基乃是"守文述作之宗",可见其地位之崇高。

清代线刻的窥基法师像
唯识宗窥基法师(632～682年),唐代京兆长安(今陕西西安)人,俗姓尉迟,又称灵基、乘基、大乘基、基法师,世称"慈恩大师",为玄奘法师的弟子

◎道宣

道宣，律宗的实际创立者，俗姓钱，生于596年，卒于667年，丹徒（今江苏）人。道宣出家后曾入"四分律师"智首门下学习戒律，后居终南山，著《四分律删繁补阙行事钞》，阐述自己的律学思想，玄奘法师取经归国之后，道宣曾参与译场。其著作之中，上文之《行事钞》与《四分律戒本疏》、《四分律羯磨疏》、《四分律拾毗尼义钞》、《四分比丘尼钞》合称南山律学"五大部"，此外尚有目录书《大唐内典录》，史传《续高僧传》、《释迦方志》等，并编有《古今佛道论衡》和《广弘明集》。

◎《南海寄归传》

全称《大唐南海寄归内法传》，共四卷，为义净归国途中停留室利佛逝国时所著，意在以书中之记录为借鉴，规范汉地僧人之行为。义净在本书的序言之中简明扼要地介绍了当时佛教各个派别的分布情况，正文记录了印度及东南亚各国佛教徒戒律仪轨，共分四十章，为后人研究印度、东南亚各国宗教提供了重要的历史资料。

◎一行

一行法师，俗姓张，河北钜鹿人。他自幼天资过人，博闻强识，尤擅阴阳五行、天文历法之学，是当时有名的才子。出家后先是学习了禅法，又广泛学习了天台、律学等。后入京城，制定历法并帮助善无畏翻译《大日经》。一行撰《大日经疏》，以汉传佛学义理为基础，丰富完善了密宗的思想，并将密宗教理与汉传佛教的禅宗、天台宗等相沟通，形成了有汉传特色的密宗体系。在佛学之外，一行还是我国古代最著名的天文学家，曾制有《大衍历》，制作黄道仪，并主持测量了地球的子午线。

◎唐密

这里所说的密宗并不是寂护、莲花生等大师在藏区所弘传的密教，而是唐朝时期在汉传地区所兴起的密宗，即唐密。早在佛教初传中国的时期，便开始有一些杂密经典被引入中国，唐开元年间，善无畏、金刚智、不空三位印度僧人将《大日经》、《金刚顶经》所代表的纯粹密教传带到了中土，开创了中国的密宗。此派基本上是对印度密教佛法"三密相应"、"五相成身"等修行法门的直接沿袭，并提倡金刚界曼荼罗和胎藏界曼荼罗的一体不二。

三 汉传佛教的译经事业

4. 宋元明清及民国时期

唐朝之后，五代十国战事四起，并有后周世宗毁佛，直至吴越王钱镠奉佛，宋太祖、太宗保护佛教，译经事业才重见一线生机。

宋代

980年，宋太宗于京城开封之太平兴国寺西设译经院，迎请天息灾、施护、法天等僧于此译经，并建印经院雕版印刷所译经典，后又听从天息灾的建议，着意培养翻译人才，以便随后继承译经事业，如著有《新译经音义》的惟净，即得法于此。宋代著名译师，主要者即此所述之天息灾、施护、法天及惟净、法护等人。

天息灾与施护二人是同母兄弟，北天竺人。980年，两人一同携带梵本来到开封，得到宋太宗的召见。此时，宋太宗有意重新振兴唐时中断的译经事业，因而命人于太平兴国寺西建立译经院，安排天息灾、施护以及法天于此译经，并赐天息灾"明教大师"、施护"显教

观世音菩萨和施主们的画像
宋太平兴国八年（983年）所绘制的观世音菩萨和施主们的画像，绢本着色，甘肃敦煌莫高窟第17窟出土，现收藏于英国伦敦大英博物馆

大师"、法天"传教大师"称号。后来，天息灾担心若干年后汉地佛典翻译工作有可能会后继无人，因而奏请宋太宗选拔童子五十人随之学习梵学，以储备译经人才，得到应允。天息灾译有《文殊师利根本仪轨经》、《分别善恶报应经》、《大乘庄严宝王经》、《菩提行经》、等，其弟施护译有《给孤长者女得度因缘经》、《广释菩提心论》、《大乘二十颂论》、《现证三昧大教王经》、《金刚三业经》等。

法天，中天竺人，原为那烂陀寺僧人，973年来到中国。起初居住于鄜州（今属陕西省），译出《圣无量寿决定光明王如来陀罗尼经》、《最胜佛顶陀罗尼经》、《七佛赞呗伽陀》，后被宋太宗召入京城入译经院，并被赐号"传教大师"。除上述三经外，尚译有《大方广总持宝光明经》、《大明力王经》、《圣虚空藏菩萨陀罗尼经》、《妙法圣念处经》、《妙臂菩萨所问经》、《七佛经》等。

惟净，俗姓李，金陵人。宋太宗赞同天息灾之建议而于太平兴国八年（983年）选少儿入译经院学习，惟净即其中之一。很快，他便脱颖而出，帮助天息灾等人译经，并受赐"光梵大师"之号。后天竺僧人法护来华，二人亦曾一同合作译经。惟净与人合撰有《大中祥符法宝录》、《新译经音义》、《天圣释经录》及《天竺字源》，译有《大乘中观释论》、《身毛喜竖经》等。

法护，北天竺婆罗门种姓，于宋真宗景德元年（1004年）到达开封，并献上所携之佛舍利及贝叶梵本，开始从事佛经汉译工作。曾与惟净合著《天竺字源》七卷，并译有《大乘集菩萨学论》、《大乘菩萨藏正法经》、《如来不思议秘密大乘经》等。

除上述诸人之外，这一时期译师尚有智吉祥、金总持、日称、释长吉等人。

宋朝的译经事业远没有前代那样兴盛。此时禅宗流行，强调"直指人心，见性成佛"、"教外别传，不立文字"，佛教信徒受此思路之影响而大多不太重视佛教经典的翻译工作，况且此时印度佛教早已衰落，本土再无新出之经论可供翻译，源头枯竭，汉地译事自然难以为继。宋代译经，主要以印度较为晚出的密教经典为主，到了宋真宗时，新译出的《频那夜迦经》中被发现有大量违背于佛教教旨且不利于社会安定的"荤血之祀"、"厌诅之词"，因而被禁止收入藏经，并且严令

宋代木雕观音像
宋代彩绘木雕观音菩萨坐像，1996年于山东青州龙兴寺窖藏出土，青州市博物馆藏，中国国家博物馆展品

不准再翻译此类典籍，使得佛典的汉译受到了很大的限制。虽然有这样的事件发生，但是佛教典籍的翻译并没有完全停下来，直到宋徽宗时期，内忧外患不断，皇帝自己又崇尚道教，译经事业便真的停止了。

辽、金、元

辽、金、元三代，少数民族入主汉地，虽然统治者大多崇佛信佛，佛教大为兴盛，但此时以著述为主，即使元代译经颇丰，也大多是将梵、汉、藏文佛典翻译为当时蒙古贵族日常所用之维吾尔文，而鲜有汉译之事。三代之中汉传佛教经典翻译者乏善可陈，仅有慈贤、沙啰巴等几人。

慈贤，中天竺人，入契丹弘传佛法，被尊为辽国国师，翻译有《金刚摧碎陀罗尼》、《如意轮莲华心如来修行观仪》、《妙吉祥平等秘密最上观门大教王经》、《观身成佛仪轨》等。

沙啰巴,又作沙罗巴,西域人。自幼跟随八思巴大师学习诸部灌顶法,又随着栗赤上师学大小乘,随剌温卜学习阎曼德迦明王密法,通晓诸种文字。曾受元世祖忽必烈之命整顿江南、闽、粤等地僧众风气,因苦于官事而请辞隐居。后曾再度受官,并为太子讲法。翻译有《坏相金刚陀罗尼经》、《佛顶大白伞陀罗尼经》、《文殊菩萨最胜真实名义经》等,以及八思巴所著之《彰所知论》。

明、清、民国

1368年,朱元璋建立明朝,灭亡蒙元,由于其自身本是僧人,因而深知佛教界鱼龙混杂之实情,对各地寺院、僧众严加整顿。朱元璋关心佛教,曾敕令编刻《洪武南藏》。之后的历代明朝皇帝,除沉迷道教炼丹之术的嘉靖皇帝朱厚熜外,也大多礼敬佛教。明代汉传佛教信徒著述甚多,并出现了莲池、紫柏、憨山、智旭四大高僧,但译经之事早已风光不再,仅有明初之智光法师译出《菩萨戒》、《八支了义真实名经》、《仁王护国经》、《大白伞盖经》等,史籍之中再难寻其他。

《胤禛行乐图》之《赏景》
清世宗胤禛,即雍正皇帝,《胤禛行乐图》描绘雍正行乐之景,画中的雍正分别着古装、佛衣、戎装等不同服饰进行各种不同的行乐活动,此为着僧衣的一幅

清代皇帝亦崇尚佛教，民间有顺治晚年出家为僧之传说，雍正自号圆明居士，并著有《御选语录》、《拣魔辨异录》，乾隆则下令编刻《龙藏》，并曾主持"国语翻译藏经"，系将汉、蒙、藏文藏经翻译为满族文字，但佛典汉译之事，已属罕见，仅偶有若干译藏为汉而已。

民国时期，有法尊、吕澂等人将部分重要的藏传佛教所传之经典译为汉文，对现当代佛教修行及研究贡献颇大。

法尊法师，生于1902年，卒于1980年，俗姓温，字妙贵，河北深县人。青年受戒之后入武昌佛学院，跟随民国四大高僧之一的太虚法师学习；后入北京藏文学院，跟从大勇法师学习藏密；又赴甘孜、拉萨等地学习藏文。1936年返回重庆，代太虚法师主持汉藏教理院十余年。1950年到北京，曾任中国佛教协会常务理事，中国佛学院副院长、院长等职。法师一生译作以藏传佛教为主，囊括众多极为重要但汉文缺译之论典，如《现观庄严论》、《辨法法性论》、《集量论》、《释量论》、《入中论》及宗喀巴大师《菩提道次第广论》、《辨了不了义论》、《密宗道次第广论》等，并将汉传之玄奘大师所译《大毗婆沙论》译为藏文。

吕澂，生于1896年，卒于1989年，字秋逸，江苏丹阳人，现当代著名佛教学者。曾随欧阳竟无学习佛学，又留学日本学习美术，归国后任上海美术专科学校教务长。后协助欧阳竟无兴办支那内学院，并于此从事佛教研究，曾任教务长、院长。建国后任职于社会科学院、中国佛教协会等单位，并多次参加全国政协会议。吕澂精通英、日、梵、藏、巴利等多种文字，译有《因轮论》、《集量论》（节译）、《三十唯识论安慧释》（节译）等，并有《中国佛学源流略讲》、《印度佛学源流略讲》、《因明纲要》、《因明入正理论讲解》等著述及多篇论文，在中国乃至世界佛教研究界内举足轻重。

小知识◎究竟谁是法贤

根据《佛祖统纪》的记载，由于得到宋太宗的肯定，法天奉诏改名法贤。但据《大中祥符法宝录》所记，改名为法贤的应当是天息灾。在一些日本所收藏的佛教典籍之中，出现了并列而举法天、法贤二名的情况，那么法天与法贤应为二人。法贤到底应是法天、天息灾，还是另外之人？这一问题尚有待于进一步考证。

◎八思巴

八思巴，又称发思八、发合思巴等，生于1239年，辛于1280年，为藏传佛教僧人，萨迦派第五代祖师。入蒙后被忽必烈尊为国师，又以西藏文字为基础创制蒙古文字，即"八思巴文"，得赐"大宝法王"称号。后返回西藏。八思巴有《彰所知论》等著述，对中原、蒙古、西藏相互间之文化交流亦多有促进。

◎明代四大高僧

明代四大高僧是指晚明时期的云栖袾宏（即莲池大师）、紫柏真可、憨山德清和蕅益智旭四位僧人。到了明代中期，佛教陷入衰弱，即使是禅宗、净土宗，也变得难以维持。但是在这四位高僧的努力下，佛教重新振兴了起来，并且由他们所确定的禅净合一的形式,成为了此后近现代佛教的主要趋势。

◎民国四大高僧

民国四大高僧,即弘一、虚云、太虚、印光。弘一法师,即李叔同,生于1880年,卒于1942年,艺术造诣极高,并且于出家后全力弘扬律宗,并主张"念佛不忘救国"。虚云法师,原名肖古岩,生于1873年,卒于1959年,一生精勤修禅,因长于整顿、兴建佛教寺院而闻名,在海内外均有极大的影响力。太虚法师,原名吕淦森,生于1890年,卒于1947年,以推动僧伽制度的改革和对唯识学等佛教思想的研究、阐发而著名。印光法师,原名赵绍伊,生于1861年,卒于1941年,净土宗高僧,为净土宗第十三代祖师。

◎欧阳竟无

欧阳渐,字竟无,世称"宜黄大师",著有《唯识抉择谈》、《唯识研究次第》等,编订为《欧阳竟无先生内外学》。在其师杨文会居士去世后主持金陵刻经处,并在祇洹精舍和刻经处的基础上组织了支那内学院,培养了大批唯识学的学者,如吕澂、王恩洋等人,极大地促成了当时唯识学的蓬勃发展,与北京韩清净居士并称"南欧北韩"。

四　佛教经典的传播

佛教自汉代开始传入我国汉地，佛教徒为了推动佛教经典的传播，对于从掌握世俗权力的上层人士到作为信众基础的民间百姓，有所针对地采取不同的传播策略。当然，这里有所区分的传播方式是就其侧重来谈的，而并非绝对化的。至于佛教经典在僧人中的传播，是自然而然毋庸赘言的，因而笔者也就略而不述了。

1. 上层社会与佛教经典的传播

皇室贵族统治阶层与士人阶层构成了古代中国"金字塔"式社会结构的中上两部分,佛教经典的推广传播必须要争取统治者的支持,同时在士人阶层中得到接受,这样才能真正融入到中国的社会文化之中,从文化的深层扩大佛教的影响。

佛教刚刚传入的时候,初来汉地的印度、西域僧人不通汉地文化,汉人也不明白佛教究竟是什么,因而只是将其看作黄老之说、道法奇术的同类,将佛作为一种可以增福免灾、保佑安康的外来的神仙进行祭拜。《后汉书》中曾先后提到光武帝时的楚王刘英、汉桓帝等祭祀浮屠,如楚王刘英"晚年更喜黄老,学为浮屠斋戒祭祀",桓帝"设华盖以祀浮屠、老子",将佛与黄老并列。佛教先是在皇室、官员中产生影响,而由于一些上层人士对佛教的崇敬,使得民间大众有机会接触到这种外来的宗教,令其逐渐流入民间,如三国时期的笮融就曾"大起浮屠祠",置办法会,吸引民众参加。

如果没有统治阶级的认同,佛教必然难以发展,包括佛典翻译在内的佛教各项事业的成长,都受着上层政策的极大影响,如洛阳白马寺便是汉明帝专门为方便竺法兰、摄摩腾两位天竺僧人弘法译经而建的,开始了汉地最初的译经工作。东晋著名的道安法师曾说过一句非常著名的话:"不依国主,则法事不立。"在道安随前秦皇帝苻坚赴长安之后,便在苻坚的支持下组织译场,翻译了大量的佛经。更为典型的是鸠摩罗什、玄奘两位大师的经历,他们所遇之帝王,或者如后秦姚兴崇信佛教,或者如唐太宗李世民虽不信仰但仍热心于其发展,无不对译经事业给予了极大的支持。在鸠摩罗什的官办译场逍遥园西明阁与玄奘的大慈恩寺中产生出了数量惊人的汉译佛典,他们在佛典

白马寺大雄宝殿
河南洛阳白马寺的大雄宝殿。白马寺是汉明帝专门为方便竺法兰、摄摩腾两位天竺僧人弘法译经而建的

翻译事业上之贡献，在中国佛教史上举足轻重。中国历史上佛教的繁荣发展很大一部分要归功于统治者的信仰、支持，除上述几位之外，如女皇武则天时实叉难陀、菩提流支、义净等人之译经，唐玄宗时"开元三大士"之密教典籍，类似的事例不胜枚举，甚至有更甚者直接参与到佛教活动中来，如清朝皇帝雍正自号圆明居士，著有《御选语录》、《拣魔辨异录》辩论佛法。而《大藏经》的编集刻印更可以证明统治者支持的益处，如明成祖朱棣敕令编修并组织印刷流通的《永乐南藏》存世颇多，而同时永乐年间在民间私刻的《武林藏》则散佚殆尽了。

但是也有与之相反的情况。中国佛教历史上有四次非常著名的法难，被后世称作"三武一宗"，即北魏太武帝、北周武帝、唐武宗和后周世宗。灭佛之时，寺院或遭破坏或移作他用，僧人被强令还俗，佛教典籍、造像惨遭毁弃，不但给佛教的经论文献带来了灭顶之灾，更从根本上重伤了整个佛教界的元气。隋朝时《房山石经》之开刻，便是因有感于先前北魏太武帝、北周武帝两次灭佛所带来之伤害而起。至于唐朝之后，先前八大宗派并荣的局面不再，三论宗、唯识宗从此几成死灰，便在很大程度上是由于唐武宗灭佛以及唐末五代战乱兵燹毁尽本宗注疏论著所致。

而士大夫阶层，作为中国古代社会的中间阶层，向上可影响皇室贵族，向下亦可影响平民百姓，并且主导着社会文化的发展趋势，因此，士大夫阶层的态度，也对佛教的发展传播有着重大的意义。六朝时期，名士附庸清谈，当时的僧人支道林等便顺应此种风气积极地与士人阶层相交往，参与各种风雅活动，以士大夫所喜好的方式推广佛教经典，扩大佛教影响，如《世说新语》记："支道林、许掾诸人共在会稽王斋头。支为法师，许为都讲。（《高逸沙门传》曰'道林时讲《维摩诘经》'）支通一义，四坐莫不厌心。许送一难，众人莫不抃舞。但共嗟咏二家之美，不辩其理之所在。"佛教徒对佛教经典的积极推广取得了成功，士人阶层逐渐重视佛教的义理，越来越多的人开始了对佛教经典的阅读，而士人阶层的认同则是佛教这种外来宗教能够真正扎根于中国文化，真正融入社会之中的必要前提。

随着佛教在我国的发展，南北朝时期逐渐产生了各种"师说"，隋唐时更开创了八大宗派，而这些派别学说的思想，是以各个祖师大德对于汉译经典的注疏以及个人的论述为载体的。当作为社会知识最主要的掌握者的士人阶层面对这些义理深刻的佛教文献时，一方面感叹于佛教的博大精深，另一方面也深受刺激，以二程、朱熹为代表的宋明理学便是在这样的背景下产生的。然而，从另一个角度来看，攻评佛教的儒家学说在对佛教进行批判的同时，也促使佛教自身采取种种应激行动，以应对挑战，并且进一步吸引了社会对于佛教经典的注意。这种不同思想的相互碰撞，并没有造成哪一方面的瓦解破败，反而使其各自均成为了整个中国文化体系的重要组成部分。

而在汉传佛教众多的经典之中，有那么一部经是与众不同的，这就是唯一一部不是佛菩萨亲口所说之经——《坛经》。《坛经》全称《六祖大师法宝坛经》，是禅宗六祖惠能大师在韶州大梵寺的一座坛上为大众所说修行之法，由弟子法海记录下来的。而由于惠能大师绝妙的法门和崇高的地位，这部讲法记录便被后人尊奉为"经"。《坛经》的内容大略可以分为三个部分，即惠能自述生平、讲说禅法、后来惠能与弟子间的问答及圆寂等事。《坛经》的文字简单明了，生动活泼，不同于其他宗派所尊崇的大部分佛教经论那种偏重义理的、严肃细密的教化方式，有很强的阅读性，历来受到佛教内外的广泛重视。《坛经》所确定的南宗禅以修行者的自性清净为基础，强调自性自度、定慧等学，要"常行一直心"，"于六尘中无染无杂，来去自由，通用无滞"，以这样的修行来"直指人心,见性成佛",行"前念迷即凡夫,后念悟即佛"之顿悟法门。《坛经》的出现是中国人对印度传来的佛教自行阐释的集中体现。之前在汉传佛教之中,虽然也有大量的著述,但大都是以注疏印度经论一类的依附形式出现的,因而这种自成一体的发挥格外受到大家的重视。近代的大思想家章太炎在他的《答铁铮》一文中曾概括说中国种种教化"虽各殊途,而根源所在,悉归于一,曰'依自不依他'耳",禅宗在人人"自性清净"的基础上主张"自性自度",便是这一特点的突出体现。同时,《坛经》南宗禅强调单刀直入的"顿悟成佛",较为容易理解,且简单易行,也推进了它的传播与推广。《坛经》展现了汉地的佛教在对印度经典翻译、解释的基础上更进一步的融合、吸收、中国化。

章太炎

章太炎,生于1869年,卒于1936年,名炳麟,字枚叔,号太炎,汉族,浙江余杭人,我国清末民初时期著名的革命家、思想家、学术大师

小知识◎黄老之说

黄老之说始于战国时期,在西汉初期非常盛行。"黄"指传说中的黄帝,"老"指老子,该派假托黄帝,以法家的学说改造老子思想,并且兼取其他学派学说。黄老之说代表人物有河上丈人、安期生等,以老子所谈的"道"为客观必然,主张"无为而治",是西汉建立初年"休养生息"政策的指导思想。同时,黄老之说与谶纬神异紧密结合,对道教的形成产生了巨大影响。

◎《世说新语》

《世说新语》是我国南朝宋时期刘义庆编写的一部笔记小说,由南朝梁时期的刘孝标作注,内容分为"德行"、"言语"、"政事"、"文学"、"方正"、"雅量"等三十六类,记录了汉末、魏、晋直到刘宋时期从帝王将相到僧人隐士的种种言行,反映了当时的社会文化风貌,有极高的史料价值。文字简约灵动,对后世文学产生了深远影响,模仿之作层出不穷。

◎"师说"

"师说"是指我国南北朝时期,当大量的佛教经论被翻译为汉文时,由于它们出自印度本土不同的佛教流派,其中各种细致的思想并不完全一致,就使得中国的僧人在修行、学习的时候自然而然地产生了各自不同的侧重、不同的理解，出现了种种专精专弘某部经论并有所传承的"师说"，形成了各各不同的派别，例如以《成实论》为主的"成实师"、以《涅槃经》为主的"涅槃师"、以《十地经论》为主的"地论师"、以《摄大乘论》为主的"摄论师"、以《楞伽经》为主的"楞伽师"等，为隋唐时期众宗派的产生奠定了基础。

2. 佛教经典的民间传播活动

佛教自初传中国起，到今天已经成为整个中国文化体系中不可或缺的一部分，融入民间社会生活之中。这两千年的融合是一个产生自异国他乡的宗教文化系统不断自我调整、适应中国状况的过程，而在这之中，为了促进佛教经典在民间的传播，僧人面向大众，采取了以"俗讲"为代表的推广方式，以通俗文化的形式传播佛教思想。"俗讲"这一系列的通俗讲经活动在推广佛教、争取信徒、布施的方面起到了重大的作用，使得轮回、涅槃、佛性、空等概念深入人心，佛教文化更加融入并影响社会生活，推进了佛教在民众间的传播与本土化，但是，以高度哲学化姿态存在的佛教文化与这种世俗随意的传播方式之间的矛盾也激发出众多的问题，直接影响了佛教文化在中国的进一步发展。

佛教经典的宣传需要针对不同的听众采取不同的方式，如前文提到的《世说新语》中所记的支道林，在他讲经的时候，听众"但共嗟咏二家之美，不辩其理之所在"，并非将注意力集中于所讲之义理，反而更加注意欣赏其言谈之美。很显然，支道林为了融入当时的名士圈子来扩大影响，自身主动在辞藻形式上下功夫以适应听众，这便是讲经活动世俗化早期的典型代表。而另一方面，专业的佛教内讲经活动也逐渐定下规式。东晋僧人道安"所制僧尼轨范、佛法宪章，条为三例，一曰行香、定座、上经、上讲之法，……天下寺舍遂则而从之"。可见，当时面向僧侣的专门的纯宗教性讲经正在形成标准的规式。这样，佛教的讲经活动便规范、成熟起来，为针对世俗而进行的俗讲提供了基础。

《弥勒下生经变相图》（局部）
《弥勒下生经变相图》中的弥勒佛及眷属，创作于唐代末期至五代初期之间，绢本设色，发现于甘肃敦煌石窟藏经洞（第17窟）

　　这样，慢慢发展出了一种名为"唱导"的宣传形式。《高僧传》第十三卷专门记录了当时的唱导状况，其对于这一活动的描述如下："唱导者，盖以宣唱法理开导众心也。昔佛法初传，于时齐集，止宣唱佛名依文致礼。至中宵疲极，事资启悟，乃别请宿德升座说法，或杂序因缘，或傍引譬喻。"可见，唱导是为了弥补纯粹义理宣讲的无趣烦琐，以因缘、譬喻的故事性色彩吸引听众，增加听众的兴趣，以此来宣传教义，突破了单纯义理宣讲的范围，极大地强调了文学性的重要,而文学性的融入,是讲经世俗化的重要因素,有意识地进行文学处理,推动着讲经活动迅速地世俗化。并且,唱导的进行需要"适以人时,如为出家五众,则须切语无常,苦陈忏悔;若为君王长者,则须兼引俗典,绮综成辞;若为悠悠凡庶,则须指事造形,直谈闻见;若为山民野处,则须近局言辞,陈斥罪目:凡此变态,与事而兴,可谓知时知众"。显然,唱导的进行由于受众的不同,有着不同的策略选择,根据不同听讲对象不同的文化水平、兴趣爱好、性格特征、关注点等方面进行讲经活动形式中的具体调整。讲经而不拘泥于枯燥的经文文字,而是"知时知众"地采取种种不同的形式,这就已经明显不同于普通的义理宣讲,为讲经的世俗化迈出了关键性的一步。

于是,在唱导的基础上,随着唐朝佛教本身的迅速成长,俗讲这一形式也渐渐真正独立出来。在日本入唐求法僧人圆珍所作的《佛说观普贤菩萨行法经记》中记载:"言讲者,唐士两讲:一俗讲,即年三月就缘修之,只会男女劝之输物充造寺资,故言俗讲;二僧讲,安居月传法讲是……"显然,僧人们针对民间世俗而进行的俗讲,已经截然分别于针对佛教徒而进行的专业性的僧讲,此时的俗讲已经形成独立的规模,不再是简单地作为专业性讲经为了暂时集中听众注意力的方便变化,而是一种专门的讲经方式,拥有自己的形式、特点,发展渐趋成熟。佛教在唐代大兴,不无俗讲的功劳。俗讲在唐代极为兴盛,成为当时一项重要的社会活动,当时的盛况,正如韩愈《华山女》一诗所述:"街东街西讲佛经,撞钟吹螺闹宫廷。广张罪福资诱胁,听众狎恰排浮萍。"这两句诗一方面展示了俗讲的热闹繁盛,一方面也显示出了俗讲已基本成为了一种民间世俗性的娱乐活动,只不过还保留着宗教的教化目的罢了。

俗讲逐渐形成的历史过程,可以说是佛教传播针对民间大众所采

本行经变图（壁画）
新疆吐鲁番柏孜克里克千佛洞的《本行经变图》壁画，展现了佛陀成佛之前在菩萨位时之行迹

取的传播形式逐步世俗化的过程，虽然最终适应并融入了民间社会生活，但是也导致了自身的变形，引发了与佛教本身以及在世俗环境中的种种矛盾。

俗讲作为一种带有宗教教化目的的宣传活动，其进行的场合，大多仍是集中于佛教之寺院。唐代，在以皇帝为代表的上层人物的支持下，俗讲大兴，甚至出现了"奉敕开讲"的状况。然而诸事皆有正反两面：在寺院开俗讲，促进佛教经典内容传播的同时，却也大大降低了宗教的神秘色彩，寺院一时成为类似于瓦肆、戏场的供人娱乐寻耍的轻薄之地，使得观看俗讲的民间百姓更加认为佛教所宣传的不过就是俗讲中的因果轮回、神佛魔怪而已，而这却并不是符合佛教经典教化的真意的。

唐代时有一位僧人文淑，是从事俗讲者的典型代表。文淑被皇帝敕封为三教讲论、赐紫、引驾起居大德，集诸般荣耀于一身，身经宪宗、穆宗、敬宗、文宗、武宗五朝，以其地位之尊，尊贵时间之久，极大地推动了俗讲的发展、推广。唐代赵璘《因话录》中记载："有文淑僧者，公为聚众谈说，假托经论，所言无非淫秽鄙亵之事。不逞之徒转相鼓扇扶树，愚夫冶妇乐闻其说，听者填咽寺舍，瞻礼崇奉，呼为和尚。教坊效其声调以为歌曲。其甿庶易诱，释徒苟知真理及文义稍精，亦甚嗤鄙之。近日庸僧以名系功德使，不惧台省府县，以士流好窥其所为，视衣冠过于仇雠。而淑僧最甚，前后杖背，流在边地数矣。"一方面，以文淑为代表，俗讲在当时受到了民间极大的欢迎，"听者填咽寺舍"；但是另一方面，其所讲之内容不过是"假托经论，所言无非淫秽鄙亵之事"，受众只集中于普通民间百姓，而至于谨守山门的佛教僧侣们"苟知真理及文义稍精，亦甚嗤鄙之"，并且，作为社会中坚力量的士人阶层也已与之形成对立。俗讲的内容逐渐脱离了经典中的道理，在民间炙手可热的同时，也在佛教内外都埋下了灭亡的种子。

在佛教内，许多僧侣便并不看好这类面对世俗、适应大众的讲经方式，甚至明确反对通过神异故事吸引听众而有损于佛教庄严肃穆的俗讲行为。如宋朝僧人元照就曾提出过明确的批评，不但认为俗讲这一行为本身是"谄笑趋时，巧言媚俗"，更直接揭露出俗讲的实行所具有的问题——心怀不轨的讲士不过是出于对物质利益的追求，自然使得俗讲的宗教纯净大打折扣，努力迎合民间需求，偏离轨道。愈加地追逐功利，便愈加地远离正统，愈加地受到佛教内部的排斥，可以说，俗讲越兴盛，灭亡自身的危机便越大。

而至于佛教之外，前文所引的韩愈《华山女》诗句说讲经是"广张罪福资诱胁,听众狎恰排浮萍",可见他对此是相当不满的,而赵璘更将俗讲直视为"假托经论,所言无非淫秽鄙亵之事",且俗讲僧人竟"视衣冠过于仇雠",由此,其中所隐藏着的危机是可想而知的。

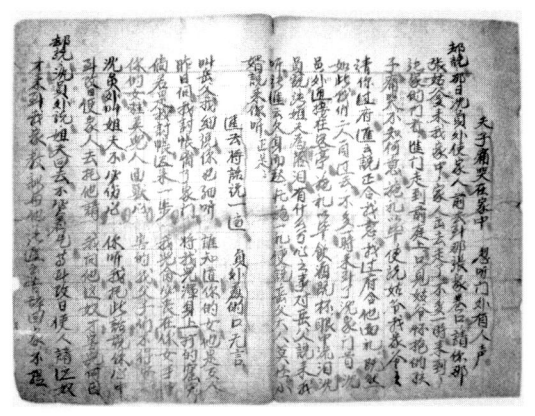

《河西宝卷》残本
《河西宝卷》是在俗讲、变文等的基础上发展而成的一种可以吟唱的民间文学

然而最为具有破坏力的还是统治者的直接反对。如唐玄宗曾下《禁僧徒敛财诏》,认为俗讲"因缘讲说,眩惑州闾,溪壑无厌,唯财是敛",直接加以禁止,而这种打击无疑是致命的。而在这之后唐武宗所引发的"会昌法难"更是直接打击了整个佛教的生存,给佛教界带来了空前的灾难,这便从基础上冲击了俗讲的存在。"会昌法难"之后,虽然佛教获得了一定程度的恢复,但是俗讲的进行已被置于政府的严密监管下。直到宋朝,俗讲变文由于与方腊食菜侍魔教有所瓜葛而被打压,终于消亡了下去。

佛教人士为了扩大佛教在中国的影响而进行宗教宣传,其宣传方式在发展过程中不断自我调整以适应民间社会,形成了世俗化的特点,并在唐代发展成熟,产生了俗讲。高度世俗化的俗讲把佛教的许多概念融入了中国民间思想体系之中,使佛教的思想与伦理渗透到中国传统社会当中,深刻地影响了民间的文化与生活。俗讲在民间文化对佛教思想的吸收融合过程中发挥了重大的作用。但是,世俗化的俗讲从

四 佛教经典的传播

根本上讲并不合于佛教经典之胜义，并且，俗讲进行中引发的种种问题也加速了自身的消亡。然而在其消亡后，由其演变而来的种种讲唱活动，仍然影响着民间社会。

小知识◎韩愈

韩愈，字退之，生于768年，卒于824年，唐河内河阳人，世称韩昌黎，我国历史上重要的文学家、哲学家，强调文以载道，倡导古文运动，为"唐宋八大家"之首，宋代的大文豪苏东坡称赞他"文起八代之衰"，代表作有《师说》、《原道》、《祭十二郎文》、《送孟东野序》等，"书山有路勤为径，学海无涯苦作舟"之语相传即出自韩愈。韩愈主张儒家的"道统"，大力排斥佛教。819年，唐宪宗迎佛骨，韩愈作《论佛骨表》舍命进谏，痛斥佛教，甚至要将佛骨"投诸水火，永绝根本"，几乎因此被杀。

◎敦煌的讲经文、变文

敦煌文献中保存了大量佛教俗讲活动的原始文本，主要分成三类：第一类是讲经文，即僧人在民间进行讲经活动时，依据经文本身，以自己的语言组织、阐发经意者，例如《金刚般若波罗蜜经讲经文》、《妙法莲华经讲经文》等；第二类是佛教内题材的变文，不引录经文，不直接解释经义，而是选取经文中奇异神妙的片段情节进行演绎，以丰富的故事色彩吸引听众，以达到教化目的，例如《八相变》、《破魔变文》、《降魔变文》等；第三类是佛教外题材的变文，以历史传说、民间故事为主要内容，但大多仍是在凭借这些内容传播佛教的思想，例如《伍子胥变文》、《李陵变文》、《孟姜女变文》等。从讲经文到佛教内题材的变文，再到佛教外题材的变文，是一个逐渐脱离经文本身束缚，内容更加自由，更加迎合民间需要的过程。

◎食菜侍魔教

食菜侍魔教，即明教，也称摩尼教，发源于古波斯，由摩尼所创立，主张善、恶二元论，善为光明，恶为黑暗，光明必将战胜黑暗。经西域传入我国内地。宋代时，明教教义被归纳为"清净、光明、大力、智慧"，由于该教素食并敬拜摩尼，故而被称作"食菜侍魔教"。宋代方腊起义，即依凭明教之力量；而朱元璋建立明朝，显而易见更与明教有甚深之渊源。明教并不只是武侠小说中虚构的，而是在历史上真实存在着的。

五　佛典的刻印、流传与《大藏经》的编集

佛教典籍的种类数量是令人叹为观止的，而如何使这汗牛充栋的经典能够保存传续下去，并且流通开来，则是佛教徒们一项非比寻常的工作，这一章，我们大略地了解一下佛典的刻印、流传与《大藏经》的编集情况。

1. 佛典的刻印、流传

佛教是一个义理广博的宗教，起初，世尊在印度初转法轮的时候，依靠口耳相传的方法，佛弟子们只是通过记忆来保存世尊的教法。但是当世尊入灭之后，弟子们有恐于佛法的湮灭而开始结集，以经典的形式使佛教的教义流传下去。而为了进一步扩大佛教的影响，在宗教传播的过程中就要尽量使更多的人接触到这些通过文字记录下来的佛教经典，因此就要鼓励对经文的复制、流通。翻开案旁的佛经，我们很容易找到类似的文字，如《小品般若经》言，"若人书写般若波罗蜜，供养恭敬，尊重赞叹，当知是人得大福德"，"若有书写般若波罗蜜，受持读诵，正忆念，如所说行，广为人说，供养恭敬，尊重赞叹，华香乃至伎乐，当知是人，不离见佛，不离闻法，常亲近佛"；《金刚经》言，"若有善男子、善女人，初日分以恒河沙等身布施，中日分复以恒河沙等身布施，后日分亦以恒河沙等身布施，如是无量百千万亿劫以身布施，若复有人，闻此经典，信心不逆，其福胜彼，何况书写、受持、读诵、为人解说！"查阅历代的僧传，也能见到佛门之内将抄经作为一种功德来赞扬的记录。可见，在佛教之中，复制、流通经典是有甚深功德并为佛陀所称道的。

实际上，从另一方面来讲，对抄经的鼓励也在一定程度上是由于历史条件的限制：在印刷术发明之前，无论在印度、西域还是我国中原地区，典籍的复制传播主要是依靠抄录的方式，比如我国，便多是用墨将经文抄写在纸张或者帛上。鸠摩罗什大师的弟子僧肇，幼时家贫，便是以为人缮写为生的，在这过程中阅览了《老子》、《庄子》等大量书籍，后因见支谦旧译的《维摩诘经》，深为吸引，因而出家，成为一代名僧。但是抄写的方法毕竟太耗人力，规模难以扩大，直到雕版印刷术的使用，才使得经典的流通突破这一限制。明代学者胡应

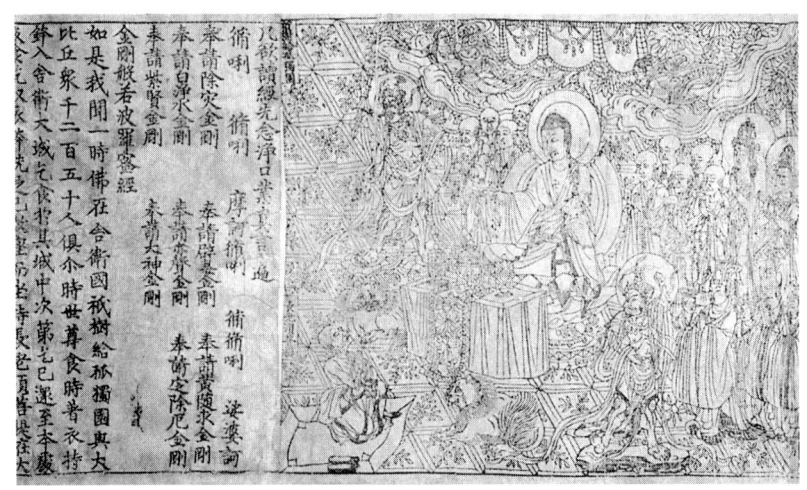

我国最早的雕版印刷品

这部刻印于868年的《金刚经》是我国现存可以确认的最早的雕版印刷品，1900年发现于敦煌莫高窟第17窟藏经洞，后被英国人斯坦因携至英国，现收藏于大英图书馆

麟在他的《少室山房笔丛》中说:"雕本(印刷)肇自隋时,行于唐世,扩于五代,精于宋人。"我国现存可以确认的最早的雕版印刷品,是868年所制的《金刚经》,1900年发现于敦煌莫高窟第17窟藏经洞,后被英国人斯坦因携至英国,现收藏于大英图书馆。这部经卷长约一丈六尺,分七段印刷而成,卷末记有"咸通九年(868年)四月十五日"的日期,而从它的图样文字来看,当时的印刷技术已经非常成熟了。

北宋时期,发明家毕昇改进印刷技术,发明了活字印刷术,使得经文典籍的印刷流通更加便利,自此,佛典的传播便一改过去以手抄为主的方式,转而依靠刻印。在这样便利的技术条件下,佛教信众的热情再与上层政策的支持相结合,佛教经典的传播自然而然地开启了一个新的纪元。

除了正常的刻印、流通之外,佛教徒们为了可以更加安全稳妥地保存经典,刻制了大量的石经,其中最著名的当数今北京市房山区云居寺石经山的《房山石经》。石经山在云居寺东,有包括雷音洞在内的9洞,雷音洞开凿最早,原为经堂,有石门可开启,其他8个洞的洞口则被封住。另外,云居寺西南角还另有地穴收藏石经。北魏太武帝、北周武帝的灭佛活动,不仅撤销了大量佛教寺院、迫令僧人还俗,而且还毁坏了大量的佛教典籍。隋朝大业年间,僧人静琬有鉴于此,为了使这些智慧凝结而成的经论文献能够长久保留下去,他决定采取石刻的方式,以努力避免焚毁的威胁。这样,静琬先后刻出《华严经》、《维摩诘经》、《胜鬘经》、《涅槃经》等,后人继承其遗志,历经隋唐五代直至明朝,在百姓、官员乃至皇室佛教信徒的支持下,千余年间不断加刻。房山石经不但有助于在文献上勘对现存经论,而且有极大的史料、艺术价值。

小知识◎敦煌莫高窟

敦煌莫高窟始建于十六国的前秦时期,至元代开凿基本结束,经历代不断兴建,最后形成洞窟735个,以及大量的壁画、雕塑作品,又名"千佛洞",是举世闻名的佛教艺术宝库,1987年入选世界文化遗产。近代自斯坦因、伯希和开始,敦煌藏经洞所保存的写经等文物开始被世人所瞩目,并且逐渐兴起了一门以敦煌文献、考古、艺术为研究对象的学问——敦煌学。

◎雕版印刷术

雕版印刷术是我国古代发明的印刷技术。雕版印刷首先要将所要刻写的稿子反转过来,将有字的一面摊放在木板上

雕版印刷术
雕版印刷术是我国古代发明的印刷技术

固定好，由工匠使用刻刀按照稿子上反过来的字雕刻出凸起的阳文，然后加以处理，便可以涂墨进行印刷了。雕版印刷术大大促进了印刷业的发展，但是由于要整版地进行刻印，仍然比较耗费人力和原料，并且出现雕刻错误难以改正，因此仍需要进一步的完善。

◎活字印刷术

活字印刷术与造纸术、指南针、火药并称我国古代的四大发明。上文提到过雕版印刷存在成本较高、错误不便改正等问题，宋代的毕昇改进了这一印刷技术。活字印刷首先需要烧制胶泥活字，按类摆放，在印刷的时候拣出相应活字排放在涂抹了药剂的铁板框内，加热后即将这些字块黏合固定在版内，印刷结束后再一加热，就可以将活字取下，以便再次取用。活字印刷术尤其有利于大规模印刷的进行，节约了成本，也解决了刻错不便改正的问题，即使遇到没有的字，也可以现做。这一发明，为人类文化的发展做出了巨大贡献。

2.《大藏经》的编集

随着佛教在汉地的不断深入推广，尤其是经历了唐代八大宗派的繁荣期，不但翻译出来的经典为数众多，汉地僧人的佛教论述、对经论的注疏解释也不计其数，单印本已经不能满足佛教发展传播的需要。为了将这些文字加以整合，以便于佛法在后世的留传，人们便开始了《大藏经》的编集。

《大藏经》的产生首先要归功于经录的编集。早时虽然有《综理众经目录》、《出三藏记集》等经录，但是它们只是简单地罗列经目，并没有进行经、论、律的详细分类编次。唐代僧人智升所作的《开元释教录》，在"别录"部分对典籍进行了具有开创意义的分类，并且在"略出"部分以千字文的顺序进行编次来方便检索，为后世《大藏经》的编集提供了可以依凭的范式。

最早刻印的雕版藏经是宋代的《开宝藏》。《开宝藏》始刻于北宋开宝四年（971年），因而以开宝为名。宋太祖在那一年，敕令官员高品、张从信在四川成都开始刻制，因而也称作《蜀藏》。《开宝藏》按照《开元释教录》所列之经目进行制作，北宋太平兴国八年（983年）时刻成雕版13万余块，共计5048卷。此后，这部藏经还进行过3次重要的修订，除校勘文字外还加入了一些新译出的典籍，因而根据修订时的年号，先后形成了3个版本，即咸平本、天禧本以及熙宁本。这部藏经曾传入辽、西夏以及日本、高丽，为后世藏经的编集奠定了基础。但是由于历史原因，这部藏经大部分已经佚失，保留下来的只有10卷左右。

宋神宗元丰三年（1080年）起，由福州东禅等觉禅院的住持冲真禅师劝募发起，刻制藏经，直至宋徽宗崇宁三年（1104年）完成，被赐予《崇宁万寿大藏》之名，因而此藏被称为《崇宁藏》，这部藏经共580函，收经论1440部，6108卷。《崇宁藏》采用折装式装帧，其排版形式基本为后世的《毗卢藏》、《圆觉藏》、《洪武南藏》、《永乐北藏》等藏经所沿袭。

《毗卢藏》由福州开源寺的僧人本明、本悟、行崇等发起，并且得到了当地信众的支持，自北宋政和二年（1112年）开始，于南宋绍兴二十一年（1151年）完成，分595函，收经论1451部，共计6132卷。

北宋末年，密州致仕观察使王永从及其族人发愿刻经，在静仁、宗鉴、净梵等僧人的帮助下，至南宋绍兴二年（1132年）基本完成，称《圆觉藏》，分548函，共收1435部，5480卷。此外有《资福藏》，亦在此地刻成，与《圆觉藏》渊源颇深，分599函，共1459部，5940卷。

全称为《平江府碛砂延圣院大藏经》的《碛砂藏》，于南宋理宗时期，由法音、赵安国等人劝募发起，但后来因为寺院发生火灾以及南宋败亡、太平不再，刻事无法继续下去，中断数十年。直到元朝大德元年（1297年），才重新又有僧人住持编刻，至元至治二年（1322年）完成，共591函，收经论1532部，6362卷。

除宋地之外，辽、金两国亦有编刻。《辽藏》常又被称作《契丹藏》，于辽代景福年间开刻，大约经30余年刻成。辽清宁九年（1063年）曾将这部藏经藏送给高丽国。《辽藏》在《开宝藏》的天禧修订版的基础上扩编而成，共579函，《房山石经》之中辽、金时期所完成的部分即以此为底本。《金藏》又名《赵城藏》，相传金代时潞州的一位女居士崔法珍断臂劝募以编刻藏经，使得晋、秦之地的信众深受感动，募得大量资财，于金天眷二年（1139年）起，至大定十三年（1173年）完成，印成后印本送到京城，引起了金世宗的重视，崔法珍也因此被赐封为"宏教大师"。现在我国由已故的任继愈先生所领导编辑的《中华大藏经》，即是以《赵城金藏》为底本，再根据其他藏经校订补录的。

《契丹藏》拓片（局部）
北京房山《契丹藏》石经拓片。《契丹藏》即《辽藏》，于辽代景福年间开刻，经30余年刻成，共579函。

元代所修大藏经名为《普宁藏》，全称《杭州路余杭县白云宗南山大普宁寺大藏经》，于元世祖至元十四年（1277年）开刻，至元二十七年（1290年）完成。这部藏经大部分是依《圆觉藏》而刻的，共558函，1430部，6004卷。此外，1982年在云南还发现了32卷残存的《元官版大藏经》。

明代所刻藏经有三部官版、三部私刻，分别为官版的《洪武南藏》、《永乐南藏》、《永乐北藏》以及私刻的《武林藏》、《万历藏》、《嘉兴藏》。《洪武南藏》由明太祖朱元璋敕令编刻，但是完成后不久便因火灾烧毁，现在存世的仅有1934年于四川崇庆县上古寺发现的孤本，而且其中已有残缺及补入部分。全藏678函，1600部，7000余卷。《永乐南藏》为明成祖朱棣敕令所刻，为《洪武南藏》的重刻本，编次略有改动，分636函，1610部，6331卷。这部藏经由于当时有官方组织印刷流通，存世数量较多。《永乐南藏》完成后，明成祖又下令刻《永乐北藏》，至明英宗时期完成，后在明神宗万历年间又有续刻，共693函，1662部，6930卷。

《武林藏》大约刻于永乐末年，绝大部分已经散佚，现仅存17册。《万历藏》1983年11月于山西省宁武县被发现，据勘对研究，这部藏经以《永乐南藏》为底本复刻，共678函，1659部，6234卷。《嘉

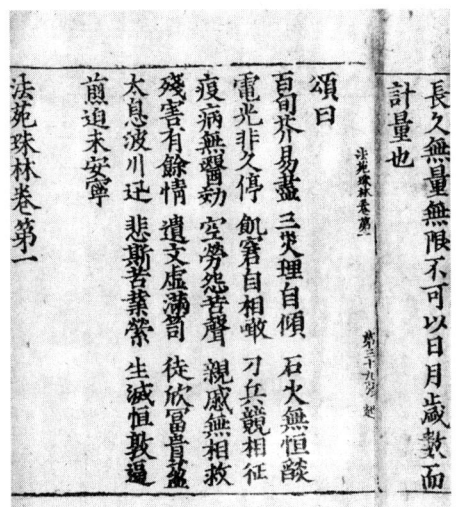

《赵城藏》之《法苑珠林》
《赵城藏》中《法苑珠林》的照片

兴藏》又名《径山藏》，刻于明末清初时期。于明万历十七年（1589年）在五台山开刻，后辗转至浙江余杭等地，后由嘉兴楞严寺负责印刷流通。这部藏经一改传统佛教所采用的折装式装帧，而改用常见的线装方册本，使得刻印、流通、阅读都更加便利。全藏分正藏、续藏、又续藏三部分，正藏按照《永乐北藏》复刻，又补入部分《永乐北藏》中无、而见于《永乐南藏》的典籍，续藏、又续藏再补充收入其他内容，分正藏 210 函，续藏 90 函，又续藏 43 函，共 2090 部经论，12600 余卷。

清代的官版藏经为《乾隆大藏经》，又称《龙藏》，由清雍正皇帝下令，雍正十三年（1735 年）开刻，于乾隆三年（1738 年）即告完成，本藏以《永乐北藏》为基础加以增减编成，共 724 函，1669 部，7168 卷。这部大藏经刻成后不断印刷流通，至今仍有新印，非常常见，而当年之经版，现存于北京智化寺中。

民国时期，亦有罗迦陵居士发起刻印，由宗仰法师所主持的《频伽藏》，系以日本弘教书院的《弘教藏》为底本，共收经论 1916 部，8416 卷，分装为 414 册，40 函。其后，民国三十二年居士盛普慧在上海成立普慧大藏经刊行会刻印《大藏经》，可惜并未完全完成。

建国之后，从 1982 年起，在任继愈先生的领导下编集《中华大藏经》，这部藏经系以《赵城金藏》为底本，据其他藏经补录，1994 年完成，共 106 册及目录 1 册。

佛教的典籍浩如烟海，自其产生于印度，再逐渐传入中土，译作汉文，被社会各个阶层的人士所诵读、研学，逐渐融入到我国的文化当中，成为其中的一部分，并流传至今，这并不是一个简单的过程。在这个过程中，那些为法忘身的译经师们功莫大焉。前人栽树，后人乘凉，倘若没有他们的辛勤翻译，我们由何得见那些以印度文字所记录的佛陀之教法呢？为了正法之流行，一代代的译经师以他们的汗水与心血转梵为汉，将佛教的经典变成中国人能够阅读的文字。《诗经》有言："高山仰止，景行行止。"虽不能至，然心向往之。从最初的竺法兰、摄摩腾，到后来的鸠摩罗什大师、真谛大师、玄奘大师，再到天息灾、施护、法天，乃至于近当代的法尊法师、吕澂先生，先人代代相继，为今天的我们留下了至大至丰之法宝。

小知识◎《圆觉藏》与《资福藏》之关系

> 南宋宝庆元年（1225年），改湖州为安吉州，而圆觉禅寺后又更名为资福禅寺，因而《圆觉藏》与《资福藏》实是出于一处。关于二者之关系，至今主要有三种看法：第一，清人杨守敬等只述及《资福藏》而不讲有《圆觉藏》；第二，日本学者小野玄妙、中国学者童玮先生认为二者分别是宋代不同时间刻成的两部藏经；第三，王国维先生、日本学者小川贯弌等人认为《资福藏》是在《圆觉藏》原有基础上增刻而成的，实为一藏。

◎《赵城金藏》的发现

《赵城金藏》于1933年在陕西省赵城县广胜寺被发现，抗日战争期间日本侵略者曾妄图抢走这部稀世珍宝，当时的共产党中央获悉后，下令全力保其周全。于是，在太岳军区战士及当地群众的共同努力下，《赵城金藏》被安全地在一个山洞中保存了下来，解放后运到北京。但是由于山洞较为潮湿，导致部分经卷受潮损坏，经修补后，这部藏经被收藏在了北京图书馆（今国家图书馆）。

◎《大正藏》

日本的《大正藏》是目前世界上使用最多的《大藏经》，全称《大正新修大藏经》，1922年至1934年期间由高楠顺次郎等组织大正一切经刊行会编辑。这部藏经以中国历代藏经及《高丽藏》为底本，参考梵文、巴利文文献，进行了极为精细的校勘，具有极高的学术价值。《大正藏》共100大册，含佛教典籍3360部，13520卷。

图书在版编目（CIP）数据

中土佛音：汉传佛教经典的翻译与传播 / 陈帅著. — 郑州：中州古籍出版社，2015.3
（华夏文库）
ISBN 978-7-5348-4604-5

Ⅰ.①中… Ⅱ.①陈… Ⅲ.①佛经 – 翻译 – 研究 – 中国②佛教史 – 研究 – 中国 Ⅳ.①B949.2

中国版本图书馆CIP数据核字（2014）第003532号

华夏文库·佛教书系
中土佛音：汉传佛教经典的翻译与传播

总策划	耿相新　郭孟良
项目统筹	单占生　萧　红（执行）
责任编辑	何慧婷
责任校对	苏晓园
美术编辑	王　歌
版式设计	王　歌
封面设计	新海岸设计中心
责任印制	刘新毅

出　版	中州古籍出版社
	地址：河南省郑州市经五路66号
	邮编：450002
	电话：0371-65788693
经　销	新华书店
印　刷	河南新华印刷集团有限公司
版　次	2015年3月第1版
印　次	2015年3月第1次印刷
开　本	960毫米×640毫米　1/16
印　张	8.5印张
字　数	60千字
印　数	1—3000册
定　价	22.50元

本书如有印装质量问题，由承印厂负责调换